商用车营销技术

主　编　龙佳庆　周清虎　覃颖贵

主　审　吴　星

参　编　王浩羽　杨静怡　徐长辉

　　　　黄养忠　何　轶　胡元元

北京理工大学出版社

BEIJING INSTITUTE OF TECHNOLOGY PRESS

图书在版编目（CIP）数据

商用车营销技术／龙佳庆，周清虎，覃颖贵主编
. －－北京：北京理工大学出版社，2023.12
ISBN 978-7-5763-3267-4

Ⅰ．①商…　Ⅱ．①龙…　②周…　③覃…　Ⅲ．①商用车
辆－市场营销学　Ⅳ．①F766

中国国家版本馆 CIP 数据核字（2024）第 004763 号

责任编辑：王梦春　　　　文案编辑：邓　洁
责任校对：周瑞红　　　　责任印制：李志强

出版发行／北京理工大学出版社有限责任公司
社　　址／北京市丰台区四合庄路 6 号
邮　　编／100070
电　　话／（010）68914026（教材售后服务热线）
　　　　　　（010）68944437（课件资源服务热线）
网　　址／http：//www.bitpress.com.cn

版 印 次／2023 年 12 月第 1 版第 1 次印刷
印　　刷／涿州市新华印刷有限公司
开　　本／787 mm×1092 mm　1/16
印　　张／13
字　　数／299 千字
定　　价／84.00 元

前　言

随着商用车市场向着更加节能减排、安全、环保、高效的方向发展，营销模式、服务模式将不断创新，市场竞争链将进一步延伸，从单纯产品销售转向提供整体解决方案。但长期以来，整个汽车销售行业都存在"重乘轻商"的现象，乘用车的数字化、网络化、信息化营销和人才培养体系均得到厂家的大力支持和行业的普遍重视，而商用车还停留在相对落后的阶段，这严重制约了商用车行业的发展。

为深入贯彻党的二十大精神，落实立德树人的根本任务，深化产教融合校企合作，为商用车营销与服务行业培养一大批符合"商用车+"的复合型、创新型和技能型人才，我们组织学校教师和企业专家共同编写了本书。

本书在设计上既考虑了在校学生和企业员工的学习要求，又考虑了教师的教学要求；既紧扣当前商用车市场的实际情况，又注重人才成长与培养的特点；在专业基础和专业理论适度的前提下，突出实践技能的需求，力争做到理实一体，产教融合。

本书共分为七个学习任务，分别为商用车认知、潜在客户开发、客户接待与沟通、商用车产品组合与推荐、商用车营销衍生业务、商用车销售促进和商用车公共关系维护。每个学习任务均采用"任务导入""任务描述""任务目标""任务相关信息""任务实施"和"任务评价"等模式展开，在注入商用车销售新理念的同时，注重内容的实用性。为了加强读者对知识的理解，本书还列举了大量企业的真实案例，以培养读者分析问题和解决实际问题的能力。

参加本书编写工作的有：柳州职业技术学院教师龙佳庆、王浩羽和杨静怡，东风柳州汽车有限公司专家周清虎、覃颖贵、徐长辉、黄养忠和何轶。本书由吴星主审。

本书在编写过程中，参阅了大量的文献资料，也参考了互联网上的相关内容，在此对其作者表示由衷的感谢。由于编者水平有限，难免有疏漏或不当之处，请广大读者批评指正，我们表示由衷的感谢。

目 录

商用车认知

任务导入

我国商用车年产销规模超过 400 万辆，是全球最大商用车产销国之一。商用车产业正处在从高速增长向高质量发展转变的重要阶段，商用车市场集中度不断提升，产品升级加速，向专业化和多元化发展。商用车销售人员所面临的挑战不断升级，想要取得良好的销售业绩，就要把理论知识运用于实际工作中，实际工作又能印证理论知识。本任务重点介绍商用车的相关概念和市场基础知识，让销售人员对商用车市场有总体的认知。

任务描述

张先生在手机上刷视频，了解到你公司所经营的商用车品牌，他想从事商用车运输行业，但是对市场上的商用车品牌、车型以及整个行业了解并不深入。

如果由你接待张先生，你应该如何向他介绍？

任务目标

知识目标

1. 能说出商用车的市场概况与发展过程。

2. 能说出商用车的基本分类。

3. 能说出汽车与挂车型号的编制规则。

4. 了解商用车生产企业，能说出典型产品公告制度。

技能目标

1. 能正确对商用车进行分类。

2. 能根据产品型号和车辆识别代号正确读取商用车基本信息。

3. 能正确查询产品公告。

素养目标

1. 保持良好的职业道德和严谨的学习作风。

2. 保持良好的工作态度，坚持勤俭节约精神。

3. 养成创新思维，坚持守正创新。

4. 与团队成员保持良好的合作与沟通。

 **任务相关信息**

1.1　商用车概述

1.1.1　商用车的定义

商用车（Commercial Vehicle），是在设计和技术特征上用于运送人员和货物的汽车。商用车包含了所有的载货汽车和9座以上的客车，分为客车、货车、半挂牵引车、客车非完整车辆和货车非完整车辆。

1.1.2　我国商用车发展史

一、第一阶段（1949—1964年）

中国商用车行业的诞生期。1956年7月13日第一汽车制造厂生产出我国第一辆载货的解放牌汽车，如图1-1所示。初步实现了第一汽车制造厂、济南汽车厂、南京汽车厂等从配件和修理到制造的转型，建成了共和国早期的载货汽车制造厂。中国载货汽车工业在这一时期奠定了自主发展的基业。

图1-1　第一辆解放牌汽车

二、第二阶段（1965—1978 年）

中国商用车行业的初步发展期。这一时期以建设二汽、川汽、陕汽等骨干载货汽车厂为标志，壮大了载货汽车产能，拓宽了车型品种。通过扩建和技术改造，中型载货汽车的产能和技术水平也得以提升。

第一汽车制造厂作为载货汽车生产的主力，但产品单一。1971 年第二汽车制造厂开始生产汽车。四川汽车制造厂引进了法国贝利埃牵引车，上海重型汽车厂生产了交通牌重型载货汽车，北京重型汽车厂也少量生产重型货车——这些汽车生产企业完成了整车的系统开发，成为中国载货汽车发展到一个新水平的标志。

三、第三阶段（1978—1996 年）

中国汽车工业的中卡时期。以载重 5 t 系列的中型车为核心产品，先后经历了长头换型、柴油化、平头化三个技术升级过程。1986 年东风公司柴油发动机厂许可生产康明斯中马力 B 系列发动机。长头换型以 1987 年一汽第一款升级换代产品 CA141 的量产为标志，我国载货汽车 30 年一贯制的历史结束。柳州汽车制造厂于 1988 年试制出第一辆中型平头柴油车，如图 1-2 所示。

图 1-2　第一辆中型平头柴油车

四、第四阶段（1996—2004 年）

中国汽车工业的准重卡时期。用户最强烈的要求是多拉快跑，创造更多的经济效益，成为汽车企业重点面对的技术难题，经过了加强化、多轴化两个过程，充分满足用户超载的需求。

1996 年，东风公司在原有 5 t 系列的基础上通过发动机功率提升、车架、变速器、传动轴、后桥等承载能力的提升，提高了单车的运营效率。

1997 年解放第四代 9 t 平头柴油车 CA1170P2K1L2 批量投产，载重量由 5 t 提升至

9 t, 如图 1-3 所示。同年, 解放 16 t、30 t 平头重型柴油车试装成功, 从此解放卡车进入了准重型行列。

图 1-3 解放第四代车型

五、第五阶段 (2004 年至今)

中国汽车工业的重卡时期。进入 21 世纪以来, 高速公路网络和汽车物流产业快速发展, 全社会公路货运量、货物周转量稳步提高, 基础设施建设和房地产开发快速发展等, 使得载重 15 t 以上的重型货车、自卸车、工程车及牵引车车型高速增长。载货汽车的重型化趋势呈现出了不可阻挡之势。

1.1.3 主流商用车厂家介绍

国内主要的卡车生产企业为一汽、东风、重汽、陕汽、北汽福田、柳汽、红岩、北奔、江淮、跃进、华菱、十通等老牌企业, 以及新兴的大运、联合卡车等。

一、中国一汽集团有限公司

1. 集团简介

中国第一汽车集团有限公司前身是 1953 年成立的中国第一汽车制造厂, 总部位于吉林省长春市, 是中国汽车行业中最具实力的汽车公司之一。中国第一汽车集团有限公司拥有职能部门 26 个, 分公司 6 个, 全资子公司 9 个, 控股子公司 5 个, 参股子公司 24 个。业务领域包括汽车的研发、生产、销售、物流、服务、汽车零部件、金融服务、汽车保险、移动出行等。

2. 一汽解放汽车有限公司简介

一汽解放汽车有限公司成立于 2003 年 1 月 18 日, 是以原第一汽车制造厂主体专业厂为基础, 以中国第一汽车集团有限公司技术中心为技术依托重新组建的中重型载重车制造企业, 是中国第一汽车集团有限公司的全资子公司。

一汽解放汽车有限公司设立 20 个职能部门、4 个事业部 (含 10 个直属厂)、2 个专业厂、1 个分公司、6 个合资公司，分布在长春、大连、青岛、无锡、成都、柳州、佛山、苏州、南京、天津 10 个城市，形成了长春、青岛、成都、柳州、佛山五大整车基地，长春、无锡、大连三大总成基地，苏州、南京、天津三大新业态基地，奥地利、青岛、无锡、长春全球四大研发基地的产业布局。解放卡车产品线涵盖牵引、载货、自卸、专用、轻卡等品系，如表 1-1 所示。

表 1-1　一汽解放产品品系

品系	生产基地	典型车型
牵引	长春、青岛、成都	J7、J6P、J6M、J6L、J6V、J6S
载货	青岛、成都	龙 V、龙 VH、JH6、陆 V、天 V、途 V、悍 V、JK6
自卸	长春、青岛、成都	龙 V、虎 V、JH6、天 V、途 V、悍 V
轻卡	曲靖	公狮、霸铃、金铃、经典系列

二、东风汽车集团有限公司

1. 集团简介

东风汽车集团有限公司是一家中央直管的特大型汽车企业，其前身是 1969 年始建于湖北十堰的"第二汽车制造厂"，1992 年 9 月 4 日，更名为东风汽车公司。2006 年 6 月 21 日，东风公司总部正式从湖北十堰迁至武汉。主营业务涵盖全系列商用车、乘用车、新能源汽车、军车、关键汽车总成和零部件、汽车装备以及汽车相关业务。事业分布在武汉、十堰、襄阳、广州等国内 20 多个城市，在瑞典建有海外研发基地，在中东、非洲、东南亚等区域建有海外制造基地，在南美、东欧、西亚等区域建有海外营销平台。

2. 东风商用车简介

东风商用车于 1969 年创立于湖北省十堰市，前身是"第二汽车制造厂"。2015 年，东风汽车集团与沃尔沃集团出资组建了新的东风商用车有限公司。公司具备全球化研发、先进制造、销售服务保障体系，产品覆盖整车、发动机、变速箱、车桥等关键总成，现有员工 2 万余名，年产能 20 万台。东风商用车产品分布如表 1-2 所示。

表 1-2　东风商用车产品分布

生产基地	名称	主导产品	主销区域
十堰	东风商用车	天龙、天锦	西南、西北、华北、华中
襄阳	东风汽车股份有限公司	小霸王、途逸、凯普特、多利卡	全国
柳州	东风柳汽	乘龙	—

三、山东重工集团有限公司

1. 集团简介

山东重工集团有限公司是汽车与装备制造集团，总部位于山东济南，拥有员工 14 万人，公司业务涵盖动力系统、商用车、工程机械、智能物流、农业装备、豪华游艇、金融与服务等七大板块。拥有潍柴动力、中国重汽、潍柴重机、山推股份、中通客车、亚星客车、德国凯傲集团等多家上市公司，资产证券化率达到 95%。潍柴重型发动机、法士特重型变速器、山推推土机产销量全球第一，中国重汽、陕汽重卡、中通客车、亚星客车、汉德车桥、火炬火花塞以及意大利法拉帝豪华游艇、德国凯傲集团旗下林德叉车和美国德马泰克、德国林德液压、加拿大巴拉德燃料电池等均为国内外知名品牌。

2. 中国重汽集团有限公司

中国重汽集团有限公司（以下简称"中国重汽"）的前身是济南汽车制造总厂，始建于 1930 年，1960 年生产制造出黄河牌 JN150 8 t 载货汽车。1980 年成功引进奥地利斯太尔重型汽车项目，是国内第一家全面引进国外重型汽车整车制造技术的企业。目前中国重汽主要研发、生产、销售各种重型汽车、特种汽车、专用车、发动机、变速箱、车桥等，拥有黄河、汕德卡、豪沃等全系列商用汽车品牌，是我国重卡行业驱动形式和功率覆盖最全的重卡企业。

3. 陕西汽车控股集团有限公司

陕西汽车控股集团有限公司（以下简称"陕汽"），总部位于陕西西安，前身是始建于 1968 年的陕西汽车制造厂，是我国重型军车的主要研发生产基地、大型全系列商用车制造企业。陕汽下辖陕西汽车集团股份有限公司、陕汽集团商用车有限公司、陕西重型汽车有限公司等 100 余家参控股子公司。业务涵盖整车、专用车、零部件和后市场四大板块，主要从事全系列商用车和汽车零部件制造的研发、生产、销售及汽车后市场服务。

四、北汽集团

1. 集团简介

北汽集团前身是 1958 年成立的"北京汽车制造厂"，总部位于北京，是中国五大汽车集团之一。生产领域覆盖乘用车、商用车、零部件等，拥有福田、欧曼、北京、北京现代等几大品牌。卡车板块的子公司是北汽福田汽车股份有限公司。

2. 北汽福田汽车股份有限公司简介

北汽福田汽车股份有限公司（以下简称"福田汽车"）成立于 1996 年，1998 年在上海证券交易所上市，是中国品种最全、规模最大的商用车企业。已形成集整车制造、核心零部件、汽车金融、车联网、福田电商、二手车为一体的汽车生态体系，涵盖整车、零部件、汽车后市场三大业务版块。整车业务覆盖卡车、大中客车、轻型客车、皮卡、工程机械与环境装备、新能源汽车等六大业务单元及18个产品品牌。在超级动力链层面，福田汽车与康明斯、采埃孚等全球合作伙伴。

五、其他卡车生产企业

卡车的需求发展，吸引了一些零部件生产企业及轿车生产企业加盟。如大运、广汽日野等。这些公司的基本情况如表1-3所示。

表1-3 我国卡车企业分布一览表

名称	主要产品系列	公司所在地
上汽红岩依维柯	牵引、自卸	重庆
广汽日野	牵引车	广州
大运重卡	牵引车、自卸	运城
江淮	牵引、载货	合肥
华菱	专用车、自卸、牵引车	马鞍山
北奔	自卸、牵引	包头
三一	牵引	长沙
联合重卡	牵引	芜湖

六、国际卡车品牌

国际知名卡车品牌有奔驰、斯堪尼亚、沃尔沃、雷诺、曼马克、万国、五十铃、日野等。目前进入中国的产品以专用车底盘、牵引车为主，其可靠性、设计思路、应用材料方面均领先于国内水平，值得中国卡车企业学习借鉴。

1.2 商用车车型分类

1.2.1 客车

（1）9座以上的客车。

（2）客车非完整车辆。

1.2.2 载货汽车

载货汽车一般称作货车，又称卡车，是指主要用于运送货物的汽车，也指可以牵引其他车辆的汽车。

一、按车辆规格分类

按照准驾车型标准车辆分为微型车、轻型车、中型车、重型车4类。

微型车：车长≤3 500 mm，总质量≤750 kg

轻型车：车长<6 000 mm，总质量<4 500 kg

中型车：车长≥6 000 mm，4 500 kg≤总质量<12 000 kg

重型车：总质量≥12 000 kg

注：总质量=整备质量+载质量。

二、按用途分类

按照用途分为载货车、自卸车、牵引车、专用车等。

载货车：配有固定货箱（货箱无自动倾卸装置）的货运汽车，如图1-4所示。载货车厢类型为：栏板车厢、仓栅车厢、全封闭车厢、翼开厢。

图1-4　载货车

自卸车：利用本车发动机动力驱动液压举升机构，将车厢倾斜一定角度卸货，并依靠车厢自重使其复位的汽车，如图1-5所示。

图1-5　自卸车

牵引车：装备有特殊装置用于牵引半挂车的汽车，如图1-6所示。

图1-6 牵引车

专用车：装有专用车厢或专用装备，从事专门运输或专门作业的汽车，如图1-7所示。

图1-7 专用车

三、按驱动形式分类

按照商用车的驱动形式分为4×2、6×2、6×4、8×2、8×4等。

4×2：车辆轮毂总数为4个，其中驱动轮毂数为2个，如图1-8所示。

图1-8 4×2汽车

6×2：车辆轮毂总数为 6 个，其中驱动轮毂数为 2 个，如图 1-9 所示。

图 1-9　6×2 汽车

6×4：车辆轮毂总数为 6 个，其中驱动轮毂数为 4 个，如图 1-10 所示。

图 1-10　6×4 汽车

8×2：车辆轮毂总数为 8 个，其中驱动轮毂数为 2 个，如图 1-11 所示。

图 1-11　8×2 汽车

8×4：车辆轮毂总数为 8 个，其中驱动轮毂数为 4 个，如图 1-12 所示。

图 1-12　8×4 汽车

1.2.3 其他货物运输车辆

一、半挂车

车轴置于车辆重心（当车辆均匀受载时）后面，并且装有可将水平或垂直力传递到牵引车的联结装置的挂车，如图 1-13 所示。

图 1-13　半挂车

二、汽车列车

由牵引车和一辆或一辆以上的挂车组成的车组，比普通汽车有较多的轴数和较大的承载面积，因而有较大的承载能力。

汽车列车根据牵引车和挂车的组合形式不同，可分为全挂汽车列车、半挂汽车列车、双挂汽车列车、载客汽车列车、长货汽车列车及超重型汽车列车等多种型式。

三、其他车辆

危险货物运输车辆、拖拉机运输机组、轮式专用机械车辆和特型机动车等。

1.3　商用车产品型号与车辆识别代号

1.3.1 车辆型号编制规则

按照国家标准 GB 9417—88《汽车产品型号编制规则》的规定，汽车产品型号由拼音字母和阿拉伯数字组成，能表明汽车的厂牌、类型和主要特征参数，必要时还可以附加企业自定义代号，对于专用汽车及专用半挂车还应增加专用汽车分类代号，如图1-14所示。

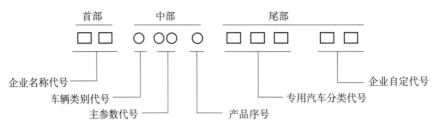

图 1-14　汽车产品型号编制规则

一、首部

其位于产品型号的第一部分，由 2 个或 3 个汉语拼音字母组成，是识别企业名称的代号。例如，CA 代表第一汽车集团公司，EQ 代表东风汽车有限公司，SX 代表陕西汽车集团有限公司，等等。

二、中部

其位于产品型号的第二部分，由 4 个阿拉伯数字组成，分别代表车辆类别代号、主参数代号和产品序号，其具体表达含义如表 1-4 所示。

表 1-4　汽车型号中部 4 位码含义

车辆类别代号		主参数代号	产品序号
载货汽车	1	车辆的总质量（t）（牵引汽车的总质量包括牵引座上的最大质量；当总质量在 100 t 以上时，允许用 3 位数字表示）	0、1、2……依次使用
越野汽车	2		
自卸汽车	3		
牵引汽车	4		
专用汽车	5		
客车	6	数字×0.1 表示车的总长度（m）	
轿车	7	数字×0.1 表示发动机排量（L）	
半挂车及专用半挂车	9	车辆的总质量（t）	

三、尾部

其位于产品型号的最后部分，可用汉语拼音字母和阿拉伯数字表示，由专用汽车分类代号和企业自定代号组成。企业自定代号的字母没有准确的定义，字母和位数由产生厂家自定义。基本型汽车的编号一般没有尾部，其变型车（例如采用不同的发动机、加长轴距、双排座驾驶室等）为了与基本型区别，常在尾部加企业自定代号。

1.3.2　典型商用车编号

一、普通货车

如 CA1048P40K41L2E6A84，表示一汽解放生产的总质量约为 4 t 的载货汽车，采用前单轴，4×2的驱动形式，搭载中国第一汽车集团有限公司的2.5 L发动机。

二、普通自卸汽车

如CGC3250D5DCJD，表示大运牌6.2 m长N8V自卸车，总质量约为25 t，采用6×4的驱动形式，潍柴350马力发动机。

三、牵引汽车

如LZ4250H7DM1，表示东风柳汽生产的总质量为25 t的牵引汽车，采用6×4的驱动形式，符合燃气国六排放标准的发动机，东风柳汽牵引汽车型号编制规则如表1-5所示。

表1-5　东风柳汽牵引汽车型号编制规则

LZ	4	25	0	H7	D	M	1
整车生产企业： LZ-东风柳州汽车有限公司	车辆类别： 1-载货车 2-越野车 3-自卸车 4-牵引车 5-专用车 6-客车 7-轿车 9-挂车	允许总质量： 25-车辆整备质量与载质量之和为25吨	公告申报的顺序号	驾驶室代号： H7 H5 M3	驱动形式： A-4×2 C-6×2 D-6×4 E-8×2 F-8×4	排放代号： A-柴油国四 B-柴油国五 C-柴油国六 L-燃气国五 M-燃气国六 N-燃气国七	产品序号

四、专用汽车

如LZ5180XXYH5AC1，表示东风柳汽生产的总质量为18 t的专用汽车，采用4×2的驱动形式、XXY厢式车与H5驾驶室，符合柴油国六排放标准的发动机，东风柳汽专用汽车型号编制规则如表1-6所示。

表1-6　东风柳汽专用汽车型号编制规则

LZ	5	18	0	XXY	H5	A	C	1
整车生产企业：LZ-东风柳州汽车有限公司	车辆类别： 1-载货车 2-越野车 3-自卸车 4-牵引车 5-专用车 6-客车 7-轿车 9-挂车	允许总质量： 18-车辆整备质量与载质量之和为18吨	公告申报的顺序号	XXY-厢式车 CLX-仓栅式	驾驶室代号： H7 H5 M3	驱动形式： A-4×2 C-6×2 D-6×4 E-8×2 F-8×4	排放代号： 柴油国四 柴油国五 C-柴油国六 L-燃气国五 M-燃气国六 N-燃气国七	产品序号

五、半挂车

如 DFDFZ9400GFL，表示东风汽车约 13 m 长，载货 39 t 的粉粒物料运输半挂车。

1.3.3 车辆识别代号

车辆识别代号（Vehicle Identification Number，VIN），由 17 位字符组成，包含了车辆的生产厂家、年代、车型、车身型式及代码、发动机代码及组装地点等信息。一般来说，小型乘用车的 VIN 在驾驶员侧的前风窗玻璃下；商用车的车架号大多数在整车底盘上，如在驾驶室下面的车架上。国家标准 GB 16735—2019《道路车辆 车辆识别代号（VIN）》对车辆识别代号的内容、构成和标识内容等进行了补充和更新。

车辆识别代号由三部分组成：世界制造厂识别码（WMI）、车辆说明部分（VDS）及车辆指示部分（VIS），如图 1-15 所示。为了避免与数字的 1、0、9 混淆，不使用英文字母"I""O""Q"。

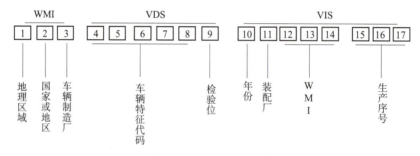

图 1-15 车辆识别代号示意图

一、世界制造厂识别码（WMI）

世界制造厂识别码用以标识车辆的制造厂商、品牌及类型信息。其由 VIN 码的第 1~3 位字符构成。

第 1 位表示原产国/地区，指这辆车的制造国家或制造地区，我国制造的车辆首位为"L"；第 2 位表示汽车制造商；第 3 位表示常规车辆类型，如轿车、客车、货车、电动车、越野车等，关于这些字符，不同的制造商有不同的解释。

二、车辆说明部分（VDS）

为了说明车辆的一般特性，制造厂不用其中的一位或几位字符，而是在该位置填入选定的字母或数字占位，其代号顺序由车辆制造厂确定。其由 VIN 码的第 4~9 位字符组成。

第 4~8 位字符表示车辆特征，如型号或种类、系列、底盘、驾驶室类型、发动机类型、制动系统及车辆额定总重。不同的厂商有不同的解释。

第 9 位表示检验代码：只能是数字 0~9 或 X，它是由其他 16 位字符对应数值乘以其所在位置权数的和除以 11 所得的余数；当余数为 0~9 时，余数就是检验数字；当余数为 10 时，X 为检验代码。校验码的作用就是核对数字，检验 VIN 填写是否正确，并能防止假冒产品。

三、车辆指示部分（VIS）

车辆制造商为了区别不同车辆而指定的一级字符，由第 10~17 位字符组成。

第 10 位字符表示制造年份：为厂家规定的型年，不一定是实际生产的年份，但一般与实际生产的年份之差不超过 1 年。为了避免混淆，第 10 位生产型年不使用"I""O""Q""U""Z""0"。第 11 位表示总装工厂代码；第 12~17 位表示生产顺序号，一般情况下，汽车召回都是针对某一顺序号范围内的车辆，即某一批次的车辆。

> **小 贴 士** 车辆型号是国家批准企业生产的车辆编号，一个车辆型号里包含了多种发动机、前后桥等汽车参数；车型代码是企业内部识别车辆编号，一个车型代码只包含一种发动机或前后桥等汽车参数，零部件具备唯一性。

1.4 汽车生产企业与产品公告制度

1.4.1 产品公告

2001 年，国家开始对汽车实施公告管理，列入公告的企业具备生产资质，列入公告的车型具备生产、销售资质；对于公告已发布了相关细节的车型，如生产企业、车辆参数、外观照片等其销售车型必须与公告发布的型号、参数、外观特征一致方能注册登记（简称上牌或上户）。

公告是国家主管部门对汽车制造、车辆上牌的一种管理制度。公告由车辆制造企业申报，国家主管部门（工业和信息化部）审查批准、发布。列入公告的企业具备生产资质，列入公告的车型允许生产。简而言之，公告是一种管理制度，是车辆制造、销售和上牌的准入依据。如图 1-16~图 1-17 所示为商用车的公告示例。

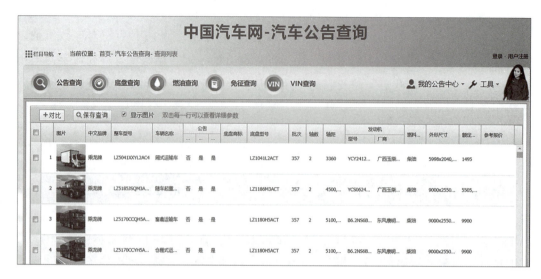

图 1-16 公告示例一

图 1-17 公告示例二

整车公告信息包括：公告批次、车辆型号、公告发布日期、公告生效日期、生产企业、地址、外观照片及变化、后部照片、防护装置照片、尺寸参数、质量参数、轮胎规格、底盘型号、其他栏增补相关参数或说明选装及对应关系、车辆识别代号（即 VIN，如整车 VIN 为空则使用底盘的 VIN），如图 1-18 所示。

车型详细参数	燃油	环保	
生产企业信息			
车辆名称：	载货汽车	车辆类型：	货车
制造地：	中国	牌照类型：	车辆号牌分类标准
公告批次：	357	发布日期：	20220708
产品号：	AR1DY77407X	目录序号：	91
中文品牌：	乘龙牌	英文品牌：	
公告型号：	LZ1311H7FM1	免征：	否
企业名称：	东风柳州汽车有限公司	燃油：	是
企业地址：	广西省柳州市屏山大道286号	环保：	是
免检说明			
免检：	否	免检有效期止：	
公告状态			
公告状态：	有效	公告生效日期：	
公告状态描述：	扩展	变更(扩展)记录：	
主要技术参数			
外形尺寸：	12000×2550×3800,3350(mm)	货厢尺寸：	9470,9600×2460×600,800(mm)
总质量：	31000(Kg)	载质量利用系数：	1.40,1.29
整备质量：	12900,13500(Kg)	额定载质量：	17970,17370(Kg)
挂车质量：	(kg)	半挂鞍座：	
驾驶室：		前排乘客：	2(人)
额定载客：	(人)	防抱死系统：	有
接近角/离去角：	19/11(°)	前悬/后悬：	1512/2688(mm)
轴荷：	6500/6500/18000(二轴组)	轴距：	2050+4400+1350(mm)
轴数：	4	最高车速：	89(km/h)
油耗：		弹簧片数：	11/11/13,11/11/10,3/3/10,3/3/4
轮胎数：	12	轮胎规格：	11.00R20 18PR,12R22.5 18PR

图 1-18　整车公告示例

底盘公告信息包括公告批次、车辆型号、公告发布日期、公告生效日期、生产企业、地址、尺寸参数、质量参数、轴距、钢板弹簧片数、轮胎规格、前后轮距、达到的排放标准、轴荷、发动机型号、其他栏增补相关参数，或说明选装及对应关系、VIN，如图 1-19 所示。

乘龙厢式运输车底盘|乘龙牌LZ5182XXYM3ABT厢式运输车底盘详细参数

企业名称：	东风柳州汽车有限公司		
底盘型号：	LZ5182XXYM3ABT	底盘类别：	二类
产品名称：	厢式运输车底盘	产品商标：	乘龙牌
邮编：	545005	目录序号：	91
规格：	长：8860,9860,10460,11080,11880 宽：2470 高：2950,3350		
燃油类型：	柴油	依据标准：	GB17691-2005国Ⅴ,GB3847-2005
转向形式：	方向盘		
轴数：	2	轴距：	5100,5700,6300,6700,7100
弹簧片数：	11/12+9,3/4+3,2/2+1,2/3+2,3/3+2,2/12+9,8/10+8	轮胎数：	6
轮胎规格：	10.00-20,10.00R20,295/80R22.5	轮距：	前轮距 1916,1940,2046 后轮距 1800,1860
总质量：	18000	轴荷：	6500/11500
整备质量：	5350,5500	挂车质量：	
半挂鞍座：		前排乘客：	3
接近离去角：	22/12,22/11,22/10	前悬后悬：	1340/2420,1340/2820,1340/3040,1445/2315,1445/2715,1445/2935,1445/3335
最高车速：	90,80		
图片：			

乘龙厢式运输车底盘|乘龙牌LZ5182XXYM3ABT厢式运输车底盘发动机详细参数

发动机型号	发动机生产企业	排量(ML)	功率(ML)
YC6JA180-50	广西玉柴机器股份有限公司	6870	132
YC6JA200-50	广西玉柴机器股份有限公司	6870	147
YC6JA220-50	广西玉柴机器股份有限公司	6870	162
ISD210 50	东风康明斯发动机有限公司	6700	155
ISB190 50	东风康明斯发动机有限公司	5900	140
ISB220 50	东风康明斯发动机有限公司	5900	162
识别代码：	LGGR3BG3××××××××× LGGR3CG3××××××××× LGGR3BG4××××××××× LGGR3CG4××××××××× LGGR3BG5××××××××× LGGR3CG5×××××××××		
	选M3新面罩,选高顶驾驶室,选装卧铺侧窗,选装导流罩,总长/轴距/前后悬/离去角/整备质量对应关系:8860/5100/1340/2420/12/5350;9860/5700/1340/2820/11/5350;10460/6300/1340/2		

图 1-19　底盘公告示例

1.4.2 燃油公告

道路运输车辆燃料消耗量检测达标公告（以下简称燃油公告），如图1-20所示。对于新购的用于营运性质的汽车，在车辆申请办理营运证之前，相关部门要依据申请人提供的机动车行驶证上登记的车辆型号，检索交通运输部公告的《达标车型表》。

企业名称		柳州乘龙专用车有限公司		
车辆名称		随车起重运输车	车辆型号	LFS5161JSQLQ
整车参数				
外形尺寸（长×宽×高）mm		9000×2500×3750	货厢栏板内尺寸	5700×2294×550
整备质量kg		9326	总质量kg	15970
底盘配置与技术参数				
底盘生产企业		东风柳州汽车有限公司		
底盘型号		LZ1161RAPT		
发动机生产企业		广西玉柴机器股份有限公司		
发动机型号		YC6J180-33		
变速器型号		HY6-85		
主减速器速比（驱动桥速比）		5.1429999999999998		
轮胎规格型号		10.00-20,10.00R20		
综合燃料消耗量L/100km		23.5		
空载等速燃料消耗量L/100km		13.9		
燃料消耗量参数表				
	产品型号	LFS5161JSQLQ		
	执行标准	JT719《营运货车燃料消耗量限值及测量方法》		
满载等速燃料消耗量	车速，km/h	30,40,50,60,70,80		
	档位	--,6,6,6,6,6		
	油耗，L/100km	--,15.0,17.4,19.9,23.0,25.6		
	燃油消耗量达标车型编号	2011年第17批第1031号（H017A025）		

图1-20　燃油公告示例

> **小 贴 士**　市政环卫车辆不需要办理道路运输证，故不需要燃油公告，如洒水车、垃圾车、吸粪车、吸污车、高空作业车等。

1.4.3 环保公告

环境保护部机动车排污监控中心发布的《国家机动车排放标准第三阶段和第四阶段排放限值的新机动车型和发动机型公告》（以下简称"环保公告"）。环保公告是国家环保局提供的汽车环保参数，包括三元型号、氧传感器型号、尾气排放标准，等等。该公告公示了已达到排放限制的车辆型号和发动机型号，为车辆上牌提供了依据，如图1-21所示。它是环境保护部门控制污染、管理机动车的一个强制性的措施。

【LZ5310CCYH7FC1】环保公告

信息公开编号	车型型号	发动机型号	公开时间
CN ZC G6 Z2 0061000052 000032	LZ5310CCYH7FC1	WP10.5H430E62	2021/12/15 14:12:46
CN ZC G6 Z2 0061000052 000031	LZ5310CCYH7FC1	WP10.5H460E62	2021/12/15 14:12:00
CN ZC G6 Z2 0061000052 000030	LZ5310CCYH7FC1	WP10.5H430E62	2021/10/12 15:10:46
CN ZC G6 Z2 0061000052 000029	LZ5310CCYH7FC1	WP10.5H460E62	2021/10/12 15:10:08
CN ZC G6 Z2 0061000052 000028	LZ5310CCYH7FC1	WP10.5H460E62	2021/4/21 15:55:31
CN ZC G6 Z2 0061000052 000027	LZ5310CCYH7FC1	WP10.5H460E62	2021/4/21 15:54:56
CN ZC G6 Z2 0061000052 000026	LZ5310CCYH7FC1	WP10.5H460E62	2021/4/21 15:53:57
CN ZC G6 Z2 0061000052 000025	LZ5310CCYH7FC1	WP10.5H460E62	2021/4/21 15:53:27
CN ZC G6 Z2 0061000052 000024	LZ5310CCYH7FC1	WP10.5H430E62	2020/5/25 10:01:53
CN ZC G6 Z2 0061000052 000023	LZ5310CCYH7FC1	WP10.5H430E62	2020/5/25 10:01:40
CN ZC G6 Z2 0061000052 000022	LZ5310CCYH7FC1	WP10.5H430E62	2020/5/25 10:01:27
CN ZC G6 Z2 0061000052 000019	LZ5310CCYH7FC1	WP10H400E62	2020/3/18 14:02:27
CN ZC G6 Z2 0061000052 000020	LZ5310CCYH7FC1	WP10H400E62	2020/3/18 14:02:10
CN ZC G6 Z2 0061000052 000021	LZ5310CCYH7FC1	WP10H400E62	2020/3/18 14:02:01
CN ZC G6 Z2 0061000052 000016	LZ5310CCYH7FC1	YCK08350-60	2020/3/18 14:01:48
CN ZC G6 Z2 0061000052 000017	LZ5310CCYH7FC1	YCK08350-60	2020/3/18 14:01:35
CN ZC G6 Z2 0061000052 000018	LZ5310CCYH7FC1	YCK08350-60	2020/3/18 14:01:28
CN ZC G6 Z2 0061000052 000007	LZ5310CCYH7FC1	YCK11500-60	2020/1/2 9:32:42
CN ZC G6 Z2 0061000052 000008	LZ5310CCYH7FC1	YCK11500-60	2020/1/2 9:32:37
CN ZC G6 Z2 0061000052 000009	LZ5310CCYH7FC1	YCK11500-60	2020/1/2 9:32:31
CN ZC G6 Z2 0061000052 000010	LZ5310CCYH7FC1	YCK11430-60	2020/1/2 9:32:24
CN ZC G6 Z2 0061000052 000011	LZ5310CCYH7FC1	YCK11430-60	2020/1/2 9:32:18
CN ZC G6 Z2 0061000052 000012	LZ5310CCYH7FC1	YCK11430-60	2020/1/2 9:32:09
CN ZC G6 Z2 0061000052 000004	LZ5310CCYH7FC1	YCK09400-60	2019/10/18 9:12:49
CN ZC G6 Z2 0061000052 000005	LZ5310CCYH7FC1	YCK09400-60	2019/10/18 9:12:40
CN ZC G6 Z2 0061000052 000006	LZ5310CCYH7FC1	YCK09400-60	2019/10/18 9:12:34
CN ZC G6 Z2 0061000052 000001	LZ5310CCYH7FC1	YCK11460-60	2019/7/30 16:58:16
CN ZC G6 Z2 0061000052 000002	LZ5310CCYH7FC1	YCK11460-60	2019/7/30 16:58:09
CN ZC G6 Z2 0061000052 000003	LZ5310CCYH7FC1	YCK11460-60	2019/7/30 16:57:58

图 1-21　环保公告示例

1.4.4　汽车免征公告

国家相关部门下发的关于免征汽车车辆购置税的公告。其内容是：被列为免征公告目录的车，购买时不需要交纳车辆购置附加税，如图 1-22 所示。它是由汽车生产厂家向国家工业信息化部申请的，由原国家发改委，现工业信息化部核准的汽车公告中的一种。这样做的目的是促进我国交通能源战略转型、推进生态文明建设、支持新能源汽车产业发展。

LZ5256GSSH5DC1型洒水车 免征公告

企业名称	车辆品牌	产品型号	车辆名称	批次
免申请列入《免征车辆购置税的设有固定装置的非运输专用作业车辆目录》				

* 以上结果仅供参考，实际以官方发布为准

图 1-22　免征公告示例

任务实施

要全面地了解商用车市场的概况与发展史，正确对商用车进行分类，准确地辨别商用车的车型代码与VIN，快速查询商用车公告，建议采用以下学习方法：

1. 小组训练

采用角色扮演法训练，识别商用车信息，介绍商用车品牌、车型及整个行业概况。

2. 手册学习

观察并识别商用车信息，填写商用车总体认知作业表，如表1-7所示。

表1-7　商用车总体认知作业表

姓名		班级		学号	
组别				日期	
（一）填写该车型类别			分类方法		类别
			驱动形式		
			车辆规格		
			用途		
			品牌		
（二）填写该产品型号并标注含义					
（三）填写该产品车辆识别代号并标注含义					

序号	VIN/车架号	制造商	车辆类别	车辆特征	生产年份	生产序号
1						

姓名		班级		学号	

（四）汽车公告解读与标注

乘龙牌LZ5310CCYH7FC1型仓栅式运输车

整车技术参数

公告批次	357 [扩展]
产品名称	LZ5310CCYH7FC1型仓栅式运输车
外形尺寸/mm	12000×2550×4000
货厢尺寸/mm	9470×2460×600,800
总质量/kg	31000
额定载质量/kg	17970,19070
整备质量/kg	12900,11800
额定载客	
前排乘客	2

底盘与发动机

底盘型号	LZ1310H7FCT
生产企业	东风柳州汽车有限公司
轴数	4
轴距/mm	2050+4400+1350
轮胎数	12
轮胎规格	11.00R20 18PR,12R22.5 18PR
燃油种类	柴油
排放标准	GB 17691—2018国Ⅵ

发动机型号	生产企业	排量/L	功率/kW	马力/ps[①]
YCK09400-60	广西玉柴机器股份有限公司	9410	294	400
YCK11460-60	广西玉柴机器股份有限公司	10980	339	460
WP10H400E62	潍柴动力股份有限公司	9500	294	400
YCK08350-60	广西玉柴机器股份有限公司	7698	257	350
YCK11430-60	广西玉柴机器股份有限公司	10980	316	430
YCK11500-60	广西玉柴机器股份有限公司	10980	368	500
WP10.5H430E62	潍柴动力股份有限公司	10520	316	430
WP10.5H460E62	潍柴动力股份有限公司	10520	338	460

生产企业	
品牌	
产品型号	
公告批次	
外形尺寸	
总质量	
额定载质量	
前排乘客数	
底盘型号	
驱动形式	
轴距	
轮胎数量	
轮胎规格	
发动机品牌1	
发动机品牌2	
最大功率	
最大马力	
燃油种类	
排放标准	

---

① 1 ps＝0.735 kW。

任务评价

各学习小组针对小组训练与手册完成情况进行展示与互相评价，填写表1-8。

表1-8　商用车认知表现评分表

序号	评价项目	评价指标	标准分	自评	互评	师评	合计
1	职业素养（20%）	认真制订计划，执行力强	4				
		能够进行团队协作，有责任意识	4				
		擅于沟通表达，相互分享	4				
		遵守行业规范，现场7S管理	4				
		会收集信息，解决问题	4				
2	专业能力（70%）	能正确识别商用车车型	15				
		能正确找到产品型号并解读	15				
		能正确找到车架号并解读	20				
		能正确查找汽车公告并解读	20				
3	创新意识（10%）	具备创新性思维与行动	10				

任务测试

一、填空题

1. 商用车包含了所有的载货汽车和9座以上的客车，分为_____、_____、半挂牵引车、_____和_____。

2. 第一汽车制造厂生产出我国第一辆载货的_____牌汽车，实现了从配件和修理到制造的转型。

3. 商用车按车辆规格分类，车长≥6 000 mm，4 500 kg≤总质量<12 000 kg的车型称为_____。

4. 汽车产品型号由_____和_____组成，能表明汽车的厂牌、类型和主要特征参数。

5. 汽车产品型号 LZ5180XXYH5AC1 中，"LZ" 代表_____。

二、选择题

1. 商用车按照用途可分为（　　　）。

A. 载货车　　　　　　　　　　　　B. 牵引车

C. 自卸车　　　　　　　　　　　　D. 专用车

2. 2001 年开始国家对汽车实施公告管理，列入公告的企业具备生产资质，列入公告的车型具备生产、销售资质。汽车公告可分为（　　　）。

A. 发动机公告　　　　　　　　B. 底盘公告

C. 环保公告　　　　　　　　　D. 免征公告

3. 车辆识别代码是车辆的"身份证"，由（　　　）组成。

A. 世界制造厂识别码　　　　　B. 车辆说明部分

C. 车辆补充部分　　　　　　　D. 车辆指示部分

三、判断题

1. 载货汽车，又称作卡车，是指主要用于运送货物的汽车，也指可以牵引其他车辆的汽车。　　　　　　　　　　　　　　　　　　　　　　　（　　）

2. 1969 年湖北十堰建成"第二汽车制造厂"，1992 年 9 月 4 日更名为东风汽车公司。　　　　　　　　　　　　　　　　　　　　　　　　　　　（　　）

3. 企业自定代号的字母有准确的定义，字母和位数由国家标准定义。　（　　）

4. 车辆识别代号可使用所有的阿拉伯数字和英文字母。　　　　　　　（　　）

5. 商用车的车架号大多数在整车底盘上，如在驾驶室下面的车架上。　（　　）

四、问答题

1. 简述我国商用车发展史。

2. 简述车辆型号和车型代码的区别。

潜在客户开发

任务导入

谁想要购买公司的产品或服务？战略营销相当大的部分是对公司的客户和潜在客户进行仔细分析。对客户和潜在客户了解的多少会决定公司能取得多大的成功。商用车当前的客户有哪些，他们都是谁？客户为什么购买我们的商用车？客户有着怎样的购买行为、购买方式和购买习惯。他们是怎样做出购买选择的？通过市场营销研究可以搜集到有关客户和潜在客户的各种信息。

任务描述

商务车销售员小李刚入行，他在了解了商用车运输行业及本品牌商用车型等相关信息后，准备开启商用车销售业务，把商用车卖出去，完成本月的销售任务。小李是一个新人，并没有销售资源，去哪里找客户，怎样挖掘更多的客户就成了他的首要问题。

如果你是小李，你将如何找到你的第一位客户？

任务目标

知识目标

1. 知道什么是客户开发。

2. 明白客户开发的目的与重要性。

3. 知道潜在客户的定义与来源。

4. 了解潜在客户开发的常用方法。

技能目标

1. 做好客户开发前的准备工作。

2. 熟悉客户开发的各种方法，能够针对不同客户类型运用相适应的开发方法。

3. 能对客户信息进行收集和分类管理。

素养目标

1. 自信自强、守正创新，踔厉奋发、勇毅前行。

2. 具备坚定的信念和抗打击的能力。

3. 具备稳定的情绪和积极乐观的心态。

4. 储备丰富的知识与客户更好地沟通。

任务相关信息

2.1　客户开发概述

2.1.1　客户开发的概念

客户开发工作是销售工作的第一步，通常来讲，是业务人员通过市场扫街调查初步了解市场和客户情况，与有实力和有意向的客户重点沟通，最终完成目标区域的客户开发计划。

但以上只是一个企业客户开发工作的冰山一角，要做好客户开发工作，企业需要从自身资源情况出发，了解竞争对手在客户方面的一些做法，制定适合本企业的客户开发战略，再落实到销售一线人员客户开发执行，这项工作是一个系统工程。

在竞争日益激烈的市场中，能否通过有效的方法获取客户资源往往是企业成败的关键。况且客户越来越明白如何满足自己的需要和维护自己的利益，客户是很难轻易获得与保持的。因此加强客户开发管理对企业的发展至关重要。

寻找客户是维持和提高销售额的需要。对企业来说，市场是由众多的客户所组成的，客户多，对产品的需求量就大。若要维持和提高销售额，使自己的销售业绩不断增长，推销员必须不断地、更多地发掘新客户。因此，努力寻找准客户，使客户数量不断增加，是推销员业务量长久不衰的有效保证，也是促进推销产品更新换代、激发市场新需求的长久动力。

一、如何寻找客户？

所谓寻找客户，是指汽车销售人员主动找出潜在客户即准客户的过程。准客户是指对汽车销售人员的汽车产品或服务确实存在需求并具有购买能力的个人或组织。而客户是指那些已经购买"你"产品的个人或组织。有可能成为准客户的个人或组织称为"线索"或"引子"。

寻找客户是推销程序的第一个步骤。由于推销是向特定的客户推销，推销员必须先确定自己的潜在客户，然后再开展实际推销工作。寻找客户实际上包含了两层含义：一是根据推销品的特点，提出有可能成为潜在客户的基本条件。这个基本条件框定了推销品的客户群体范围、类型及推销的重点区域。二是根据潜在客户的基本条件，通过各种线索和渠道，来寻找符合这些基本条件的合格客户。

寻找客户是推销员保持应有的客户队伍和销售稳定的重要保证。由于市场竞争，人口流动，新产品不断出现，企业产品结构改变，分销方式和方法发生变化，大多数企业都不可能保持住所有的老客户。又由于商用车这类产品的使用寿命周期长，客户复购的可能性和复购周期难以估算。因此，推销员需要寻找新的客户，不断地开拓新客户作为补充。

商用车经销商有两类客户：一类是有意向、准备购车的客户（有购买车辆和所有衍生业务的需求）准备购车的客户又分为散户和大客户；另一类是已经购车的客户（有所有衍生业务的需求）。客户管理是市场管理的一部分。发现客户需求、满足客户需求的过程就是客户营销。也就是说，发掘和满足这两类客户的需求，就是商用车经销商的客户营销。

客户营销是服务营销的落地，是针对不同客户实施的服务营销。PPP（公私合作）市场营销是客户营销的细化。

二、商用车的细分市场

商用车的用途与乘用车完全不同，客户的不同需求和不同层次导致了商用车必须进行细分。比如从事商用车运输的人员各不相同，他们可能年龄不同，文化程度具有差异，行业经验及宗教信仰也有差异，这些不稳定变量必然会对市场宣传、正常运行有很大影响，只有解决这些问题，商用车的销售规模才会扩大。

地理位置的影响也导致整个市场必须细分。商用车在农业种植、矿山运输及轻工业区域等处都需要独立的方案，这些问题无法解决，则商用车的金融发展规模不能得到扩大。

客户群体不同，有的属于保守型，他们在选择金融产品时不会考虑未来有多大利润，而是将安全放在第一位；而有的则是激进型，他们倾向于选择利益最大化的产品，针对不同的商用车客户群体必须制订一套完整的细分方案。

商用车一旦实现细分，则客户必然会是最大的受益者，这样一来，客户的需求得到满足，规模也就随之扩大。

1. 国内卡车散户用户

从驾驶人的年龄分布看，满帮集团依托平台认证司机超过 900 万户的庞大数据发布了《2020 中国干线卡车司机大数据》，平台司机的整体年龄分布如图 2-1 所示。26~35 岁年龄段占驾驶人总量的 37.98%；36~55 岁年龄段占 53.22%，80 后、90 后是中坚力量。报告分析显示，在卡车司机这一群体中，男性占比99%，只有约1%的女性司机。这与卡车司机的职业特点、工作环境、劳动强度有关。即便是开卡车的女性司机，也很少有全职司机，大部分是夫妻搭档，男人主驾驶，女人处于副驾驶，偶尔短途更换，交替休息。

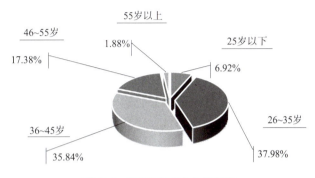

图2-1　平台司机整体年龄分布

就卡车司机群体受教育程度而言，该群体学历总体不高，近70%的卡车司机的学历在初中、技校及以下，说明目前卡车司机是广大学历较低人员就业的重要选择；从年龄结构上来看，年轻司机已经成为卡车司机的主流群体。80后、90占比逐年提高，中青年司机仍然是卡车司机的重要组成部分。

从婚姻状况来看，接受调查的司机中已婚占89%，未婚占11%，单身司机相对还是少数。调查数据显示，44%的人是由于喜欢开卡车且行业门槛较低，从而成为一名卡车司机。29%的人认为货运行业开卡车相对自由。但从工作时长上统计，工作超时、疲劳驾驶已经成为卡车司机的常态。有约84%的卡车司机日工作时长超过8个小时，其中更有40%的卡车司机日工作时长超过12个小时，大部分处于疲劳驾驶的状态。

从卡车用户的分布来看，其与区域经济活跃度密切相关。山东、河南、江苏、河北、湖北是货车大省，这几个省份由于地理环境、交通位置、产业结构、经济发展程度等，在公路物流运输方面拥有得天独厚的优势，货车保有量和货车司机人数都在全国名列前茅。赢得大省客户的青睐已经是各大车企的重要市场战略。

总体来看，卡车用户群体的年轻化以及外部环境变化，对车辆提出了更高的要求，比如车辆品牌的知名度、驾驶的舒适性要求、车辆基本网联配置的要求、驾驶室外观及空间的要求及服务要求都在提出更高的标准。

2. 商用车大客户（集团用户）

大客户有两个方面的含义：第一个方面指客户范围大，客户不仅包括普通的消费者，还包括企业的分销商、经销商、批发商和代理商；第二个方面指客户的价值大小，不同的客户对企业的利润贡献差异很大，20%的大客户贡献了企业80%的利润，因此，

企业必须高度重视高价值客户以及具有高价值潜力的客户。

集团用户是按照货运所在行业属性来分，其以 B2B 的方式与卡车生产厂家进行沟通。按照行业属性，一般分为冷链运输、危化品运输、快递快运、轿车运输、普货运输、专用车辆（城市清扫、水泥搅拌、消防）、工程车辆等。

对于行业用户来说，其受所在的行业特点影响，选购车辆最为看重的是以下几方面：

（1）品牌和信誉。

行业客户购买车辆一般是批量购买，少则十几辆，多则上百辆。在决定是否购买时，其往往更关注的是大品牌，市场口碑良好，运营规范并且具有较高的商誉。选择大品牌不仅仅是为了提高企业形象，更重要的是大品牌一般拥有完善的服务体系、稳定的产品保障和规范的市场运营，在很大程度上降低了其运营风险。

（2）质量与安全。

质量与安全事关企业的兴衰，尤其是对员工的生命财产安全来讲，更是重于泰山。从行业用户调查来看，有 66% 的用户将安全性能作为选择中重卡的重要因素之一。随着国家公路及配套设施的日益完善，国民生活水平的提高，对货物运输的实效性和安全性要求提到前所未有的高度。选择高质量的车辆，不仅意味着会在很大程度上减少车辆运营故障，提高出勤率，还代表着车辆在整个使用周期中会降低维修成本。车辆的安全性高，在车辆使用过程中，司机及货物的安全会得到极大的保障，同时也会因为降低安全风险而降低企业的成本。

（3）成本和油耗。

低成本、高销量的运营是企业永恒追求的目标，而作为行业用户，车辆的油耗和使用维护总成本是变动成本中的高占比项。调查显示，行业用户越来越重视车辆的油耗，快递行业的统计数据显示，油耗的成本占运营总变动成本的 45%～55%，能否提供低油耗的车辆，是影响行业用户购买车辆的重要因素。另外，在车辆的购买、使用、维修、更换的全生命周期中，能否降低总的运营成本，也是行业用户在购车时的考虑因素。从调查结果也能得到这个结论，有 67.7% 的被调查者在购车时主要考虑的因素是油耗和购车、用车成本。

（4）服务。

卡车作为运营工具，在实际运输过程中承担着重要角色。如何能让车辆实现高强度运行、人停车不停的出勤率，良好的服务是其重要保障。调查显示，行业用户最关注车辆的维修时机和服务质量，也就是说，能围绕其运营时间开展针对性的服务，错开车辆开动时间，在计划停工时提供维修换件、保养是他们最希望的方式；其次是车辆维修价格和维修便利性，维修价格是决定其运营变动成本的重要部分，适中的维修价格及便利的维修服务往往会赢得行业客户的青睐和好感；超过45%的受访者倾向于选择厂家指定官方维修点，并且维修时间能在车辆计划停工维护的时间段内进行；26%的客户希望在就近维修点进行维修，维修团队要有规范的操作和专业水平。良好的且定制化的服务会让行业用户提高车队运输效率，尤其是对运输价值高、实效性要求高的物品，如生鲜、医疗等物品，良好的服务能提高车队的运营效率和收益。

成功市场推广的前提就是成功地了解大客户。在针对大客户的营销过程中，有的放矢，从企业实际出发，制订合理的市场开发计划，整合企业优势，调动有机力量，迅速开拓和占领大客户市场。

小贴士

商用车大客户分类

商用车企业可根据用户的不同特征，划分出自己的大客户等级。

1. 白金级用户

品牌最重要的大企业用户，提供最优惠的政策与采购维修的绿色通道，上门服务与个性化服务结合。

2. 金卡用户

重要地区的重要用户，提供优惠的政策与采购维修绿色通道服务，但级别低于白金级用户上门服务与个性化服务。

3. 银卡用户

重要用户群体，提供级别略低的个性化服务与上门服务，设置专门的客户经理。

4. 特殊用户

能够引领潮流的企业，品牌看重的是他们对自身品牌文化的延伸与再定位，用这些关键人物提升品牌的形象。

2.1.2　客户开发的步骤

一、收集客户信息

按照组织岗位分工，收集客户信息的工作由客户经理、信息员负责。

1. 收集不熟悉客户信息

利用互联网、邮政部门发行的电话簿、政府的公开信息（企业注册信息）、行业协会信息、大数据信息等收集货物运输信息—收集货主信息—通过货主收集意向客户信息。不熟悉的客户可能是你最大的未发现的财富。

2. 收集熟悉客户信息

大部分商用车的经销商都已经营多年，在客户营销的过程中经历过太多的失败。这些没有销售成功的客户是你熟悉的、没有到手的财富。

小 贴 士

数据库收集法

许多公司开始使用从一个称作数据库的大型数据组中寻找所需客户资料的方法。银行和信用卡公司、电信公司、目录营销公司，以及其他需储存客户大量信息数据的公司，存储的数据不仅包括客户的地址，还包括他们的经营状况、员工人数、营业额以及其他信息。通过仔细地研究这些信息，公司能在以下方面受益：

（1）了解哪些客户能够承受产品升级后的价格；

（2）了解哪些客户可能会下订单给公司；

（3）了解哪些客户能够成为公司的预期客户；

（4）了解哪些客户能够成为更长期的客户并产生价值，从而给予他们关注及优惠；

（5）了解哪些客户打算终止下订单并采取一定的措施阻止退出发生。

3. 收集成交的现实客户信息

已经成交的客户，是你的现实客户，这些客户最有可能再次购买你的产品，是你已经到手的财富。

小 贴 士

统计资料法

这是跟单员收集客户信息的主要方法，通过企业的各种统计资料、原始记录、营业日记、订货合同、客户来函等了解企业在营销过程中各种需求变化情况和意见反馈。这些资料多数是靠人工收集和整理的，而且分散在企业各职能部门内部，需要及时整理汇总。

4. 汇总意向客户信息

将收集的客户信息进行汇总，编制意向客户信息明细表，如表2-1所示。

表 2-1 意向客户信息明细表（部分）

序号	客户基本情况						客户保有车辆情况																
	客户单位名称/电话	客户法人姓名/电话	客户联系人	客户编号	客户经理	客户地址	车辆类别	品牌	子品牌	车型	产品	马力	主要配置	车辆名称	购买时间	车辆保有量/辆	车牌号	VIN	车辆行驶证号	车辆编号	车辆保险提示时间	驾驶员姓名/电话	车辆使用年限	车辆平均淘汰年限	车辆置换提示时间
1																									
2																									
3																									

二、制订客户开发计划

按照组织岗位分工，客户开发工作由行业经理、产品经理负责；行业经理负责新行业客户的开发；产品经理负责已进入行业新客户的开发。

（1）所有的客户都需要开发，客户是不会自动购买你的产品的，除非你所卖的产品是世界独一份。

已有客户也需要开发的理由：货物、货物的包装方式、装卸方式、货主的要求、道路条件、政府监管力度、道路收费方式、驾驶员的要求、车辆新产品的不断涌现、车辆标准的变化等都会带来客户对车辆要求的变化。你不能随着变化而改变，推荐适合客户要求的车辆，客户就有可能被你的竞争对手开发走了。

（2）开发计划分为新行业意向客户开发计划和已进入行业意向客户开发计划。有些经销商常年只卖一两款车型，就是没有进行新行业意向客户开发的缘故。有些经销商销量上不去，越卖越少，最后被市场淘汰。究其原因就是不能进行已进入行业意向客户、新行业意向客户的开发。没有新客户，老客户又不断地被竞争对手抢夺，最后就会面临经营困难的局面。新行业意向客户开发计划表如表 2-2 所示。已进入行业意向客户开发计划表如表 2-3 所示。

表2-2　新行业意向客户开发计划表

准备开发的行业				准备开发的区域				准备开发的意向货主						需要开发的，同货主合作的物流意向客户					
门类	大类	中类	小类	省	市	县	名称	联系人／电话	地址	主要经营范围	主要运输的货物				客户单位名称	客户法人姓名	客户联系人／电话	开户地址	单位电话	法人电话
											原料	…	产品	…						

表2-3　已进入行业意向客户开发计划表

意向客户对应产品资源							客户开发计划												
车辆类别	品牌	子品牌	车型	产品	马力	车辆名称	名称编号	意向客户				新行业意向客户		开发计划						计划编号
								客户购买过的产品明细	为客户服务的部门	客户经理姓名	客户第一次购买产品的时间	客户累计购买产品的金额	是否为公司新客户	客户熟悉人姓名电话	开发负责人（部长）	开发方案	开发的切入点	要求完成的保养额／元	开发费用计划	完成时间	效果评价	效果评价	激励	

意向客户对应产品资源							客户开发计划													
车辆类别	品牌	子品牌	车型	产品	马力	车辆名称	名称编号	客户购买过的产品明细	为客户服务的部门	客户经理姓名	客户第一次购买产品的时间	客户累计购买产品的金额	是否为公司新客户	客户熟悉人姓名电话	开发负责人（部长）	开发方案	开发的切入点	要求完成的保养额／元	开发费用计划	完成时间	效果评价	效果评价	激励	计划编号

三、拜访前准备

　　根据开发计划，制订客户拜访计划。要进行意向客户开发，就要先进行拜访。拜访前要做好以下准备：人员准备、本企业状况、经营产品资料准备、礼品准备、客户资料准备等。要编制客户拜访计划（厂家的行销要求也是如此），某类意向客户的拜访计划（部分）如表2-4所示。

表2-4　某类意向客户的拜访计划（部分）

拜访原因	开发拜访计划												
个人客户变法人客户，原有车辆淘汰	确定拜访人员		资料、礼品准备人	确定拜访的时间	确定拜访的地点	顾客拜访人员				客户拜访人员			确定拜访的方式
	行业经理	品牌经理				采购部长	采购计划	销售部长	销售计划	总经理	财务总监	车辆采购	…	

四、货主拜访

根据客户拜访计划，制订货主拜访计划。在拜访客户前，进行货主拜访是必要的。因为只有好的货主，才可能有好的客户。货主信誉不好，客户也就很难讲信誉。货主拜访计划必须准备的内容：本公司新产品优势介绍、本公司产品同竞争产品对比、本公司经营新老产品对比、新老产品配件（通用性）、服务对比、货物运输方案模板等。

（1）车辆产品对比表，如表2-5所示，可用于与竞品、与自己的新老产品对比。

（2）新老产品配件差异对比表，如表2-6所示。

（3）物流运输方案模板。

表2-5　车辆产品对比表

品牌		我经营品牌	竞争品牌	我经营品牌优势	我经营品牌劣势	差价（优势为+；劣势为-）
车型代号						
公告型号						
额定载质量/kg						
整车技术参数	外廓尺寸/mm					
	最小转弯半径/mm					
	最高速度/(km·h⁻¹)					
	整车整备质量/kg					
	最小离地间隙/mm					
	其他功能参数					

品牌		我经营品牌	竞争品牌	我经营品牌优势	我经营品牌劣势	差价（优势为+；劣势为−）
车身	形式					
	内饰情况					
	仪表盘					
	地板形式/平地板					
	是否带独立空调、暖风					
	后视镜/带摄像系统					
	生活系统/可加装微波炉、冰箱、热水器					
	卧铺宽度/mm					
	座椅/气囊座椅、前后、角度可调					
	其他配置					
货厢	风格及形式					
	内部尺寸/mm					
	地板×边板/mm					
	货厢纵梁/mm					
	液压系统配置（举升力、举升角度）					
	带货物保护功能					
	抗冲击功能（横梁、带抗冲击配置）					
	其他配置					
发动机及动力系统	型号					
	缸径×行程/mm					
	排量/L					
	功率（kW）/转速/$(r \cdot min^{-1})$					
	最大转矩$(N \cdot m)$/转速/$(r \cdot min^{-1})$					
	最低燃油耗/$(g \cdot kW \cdot h^{-1})$					

续表

	品牌	我经营品牌	竞争品牌	我经营品牌优势	我经营品牌劣势	差价（优势为+；劣势为-）
变速器及变速操纵系统	型号					
	自动挡/手动挡					
	带同步器/否					
	带液力缓速器/否					
	一挡传动比					
	最小传动比					
	最大输入转矩/（N·m）					
	最大输出转矩/（N·m）					
离合器及离合操纵系统	形式					
	摩擦片尺寸/mm					
前桥系统	形式及吨位/t					
	桥管材质					
后桥系统	名称、型号及吨位					
	输入/输出转矩					
	制动器尺寸/mm					
转向系统	品牌、形式					
	方向盘直径/mm					
制动系统	制动方式（油刹、气刹、断气刹）					
	制动器形式（盘式、鼓式）					
板簧及悬架系统	材质					
	片数（前/后）					
	片宽及片厚/mm					

续表

品牌		我经营品牌	竞争品牌	我经营品牌优势	我经营品牌劣势	差价（优势为+；劣势为-）
车架系统	型式					
	材质					
	截面尺寸/mm					
	承载能力					
轮胎及轮钢系统	规格（前/后）					
	层级及气压(前/后)					
	最大承载质量(前/后)					
	辐板厚度/mm					
电器系统	蓄电池					
	大灯					
	显示仪表					
其他系统						
配置价差						
终端价格/元						
可比价差/元						

表2-6　新老产品配件差异对比

序号	有差异的零件											备注
	系统名称	总成名称	分总成名称	部件名称	零件名称	新产品			老产品			
						名称	图号	数量	名称	图号	数量	
1	车身系统											
2	动力系统											
3	离合操纵系统											
…	…											

五、货主开发

进行货主开发时要了解货主的基本情况。

1. 原料运输情况

（1）需要的原料来源，运输方式，前3年的运量，每年的增长率，未来3年的规划。

（2）货物（产品）的名称、性质、有没有包装、包装箱尺寸、密度、货物的运动/静止安息角、装货地、卸货地、装货方式、固定方式、卸货方式等。

（3）当年的运量、当年每月平均运量、每日平均运量。

（4）每车运量（载质量）、每车每日运输趟数，有多少车在运输，都是什么类别、什么车型

（5）如何装载、固定、卸货，有什么运输要求，包括质量要求、时间要求、监控要求等。

（6）车辆行驶道路要求。

（7）如何管理运输？与客户有无合同、运单？运费如何结算？有没有运输质量保证金？

2. 产品运输情况

产品销往的区域、地点、运输方式，前3年的运量，每年的增长率，未来3年的规划；其他需了解情况同原料运输情况。

3. 企业情况

（1）企业性质：分为外资企业、上市公司、国有企业、股份制企业、私有企业、其他。

（2）企业信誉：分为 AAA、AA、A、BBB、BB、B、CCC 等。

（3）企业与供应商的关系：是属于关系良好且长期合作还是经常更换供应商。

（4）是否拖欠员工工资？是否有奖金？

（5）干部是公开招聘还是直接任命？

（6）企业所处的行业是传统行业还是新兴行业？

（7）企业是绿色环保型企业还是污染环境型企业？

（8）企业在全国同行业的地位、本省的地位、本市的地位如何？

（9）其他。

货主开发要根据货主的基本情况进行打分（秘密进行）—找到好的货主—进行开发公关—建立关系—让他们帮助我们开发其货物承运人—客户。我们只有开发到好的货主，才有可能找到优秀客户。

六、进行意向客户拜访

在拜访了货主后，就可以立即拜访为货主运输货物的意向客户，了解意向客户的基本情况、对车辆的要求、对运输的要求。以下内容根据拜访客户的实际情况填写。

1. 意向客户的基本情况

（1）企业类型是第一方物流企业、第二方物流企业，还是第三方物流企业。

（2）意向客户拥有的货主数量。

（3）意向客户拥有的车辆类别、品牌、车型、驱动形式、动力、货箱尺寸、车辆数量。

（4）意向客户找谁购买车辆？了解意向客户在购买保险、贷款、保养车辆、维修车辆、购买配件加盟物流公司、二手车交易等方面的情况。

（5）承接项目需要什么条件？

（6）了解意向客户年收入多少？都是如何结算运费的？拥有的驾驶员有多少？驾驶员的年收入是多少？意向客户是如何管理驾驶员的（外聘/承包、招工/员工制/考核法）？

（7）意向客户年纳税额为多少？利润为多少？

（8）客户在同行业中的地位（按照车辆数量）：在全国、本省、本地区的行业排名。

注：以上只针对法人客户调查。

（9）其他。

2. 意向客户的运输情况

（1）运输的货物性质、种类、名称、有无包装、包装尺寸、密度、运动/静止安息角等。

（2）货物的装、卸及固定方式。

（3）每车每次装载量，每趟运输距离，往返是否都有货，返程每次平均装载量，每趟往返需要的时间、每月平均几趟等。

（4）每车需要多少驾驶员（有些车可能两人，有些车可能一人）？如何考核？有没有安全奖励，有没有监控（瞌睡、注意力、按时休息、换班等）？

（5）加油、高速公路通行费都是如何支付的？有没有固定的加油点？有没有先加油后付费的想法，有没有先（高速）通行后付费的想法？

（6）有没有购车贷款？利息是多少？愿不愿意购买低利息的产品？

（7）愿意选择低首付高利息的车辆贷款产品，还是愿意选择更省钱的高首付低利息的车辆贷款产品加上（加油贷、过路贷、保险贷等）小额贷款产品？

（8）对货主是否满意？对哪些方面不满意？有什么想法？

（9）其他。

3. 意向客户在用车辆的情况

（1）主要功能：装货功能（带尾板、吊车、小推车等；顶部可开启、多开门、货箱可卸式等）、固定功能、卸货功能、运输功能、安全功能、预防功能、管理功能。

（2）主要性能：起步速度、最高速度、最大爬坡度、离地间隙；发动机功率、发动机比油耗、车辆公告总质量下的综合油耗；最大装载质量、装载方量；整备质量及误差；外形尺寸及误差。

（3）车辆配置：品牌、子品牌、驾驶室系统、动力系统、离合器操纵系统、变速器操纵系统、传动系统、前桥系统、后桥系统、悬架系统、转向系统、制动系统、车架系统、电器系统、货箱系统、车轮系统等。

（4）车辆公告。

（5）服务政策，如"三包"期内服务政策、"三包"期外服务政策。

（6）指定服务站。

意向客户对现有车辆不满意的方面包括功能、性能、配置、公告、服务等。再次购买车辆的要求，同样包括功能要求、性能要求、配置要求、公告要求、服务要求等。

4. 不同车辆使用年限

（1）微卡最短＿＿＿＿＿＿＿年，最长＿＿＿＿＿＿＿＿＿年，平均＿＿＿＿＿＿＿＿＿＿年。

（2）轻卡最短＿＿＿＿＿＿＿年，最长＿＿＿＿＿＿＿＿＿年，平均＿＿＿＿＿＿＿＿＿＿年。

（3）中卡最短＿＿＿＿＿＿＿年，最长＿＿＿＿＿＿＿＿＿年，平均＿＿＿＿＿＿＿＿＿＿年。

（4）重卡最短＿＿＿＿＿＿＿年，最长＿＿＿＿＿＿＿＿＿年，平均＿＿＿＿＿＿＿＿＿＿年。

需了解意向客户为什么淘汰更新车辆？准备更换什么车辆？是同类别、车型、动力的车辆，还是不同类别、车型、动力的车辆？

5. 驾驶员情况

驾驶员情况包括驾驶员驾龄及其对车辆的要求等。

七、针对意向客户实际运输情况进行物流方案设计

物流方案设计包括采购产品物流方案设计和销售产品物流方案设计。如果意向客户对物流方案不满意，要及时改进方案，直至客户满意。如不能使客户满意，则将其继续放在意向客户表中。

八、推荐车辆产品

在意向客户对物流方案满意之后，推荐车辆产品。业务人员对所推荐车辆产品的信息必须了如指掌，否则无法赢得客户信任。车辆推荐表（表2-7）中的车辆信息应包含但不限于以下信息：

（1）车辆类别、品牌、子品牌、车型、驱动形式、动力、车辆名称。

（2）车辆公告、公告参数、整备质量。

（3）车辆功能。

（4）车辆性能：使用燃料、燃料消耗定额等。

（5）车辆配置。

（6）车辆保养标准、服务标准（包括"三包"期内、"三包"期外）。

（7）车辆保养产品明细表、维修产品明细表、配件产品明细表。

（8）经销商的服务能力：业务能力、产品能力、时间能力（24 小时服务）等。

意向客户对推荐车辆不满意，则继续调整推荐或进行产品改进，直至其满意。如果始终不能使意向客户满意，则将意向客户继续放在意向客户表中，继续开发。

表 2-7　车辆推荐表（仅展示部分内容）

4. 前后桥及悬架系统							5. 动力系统				
前桥及悬架			后桥及悬架								
型号	悬架形式	板簧片数	后桥型号	传动比	悬架形式	板簧片数	发动机品牌	功率/制动力	转矩	发动机千瓦标定油耗	车辆最高行驶速度
6. 驾驶室系统			7. 轮胎及轮辋系统		8. 制动操纵系统		9. 转向系统		10. 离合操纵系统		
单排/高顶带天窗	排半/高顶带天窗	座椅	轮胎规格/型号	轮辋规格/型号	制动器形式	带有自动制动系统	带有液力缓速器	方向机型号	带有跑偏自动报警/纠正系统	离合器品牌	离合器型号

九、产品报价与购买方案推荐

在意向客户认可车辆产品后，要向客户报价，报价应该包括（但不限于）以下内容：

（1）意向客户认可的车辆类别、品牌、子品牌、车型、驱动形式、动力、车辆名称。

（2）车辆功能、性能、配置、公告、生产厂家、改装厂家。

（3）保养标准、服务标准、保养产品/项目明细表、"三包"维修产品/项目明细表。

（4）交货期、交货地点、产品验收标准。

（5）随车资料、附件。

（6）是否对驾驶员进行培训。

（7）付款方式（现金、承兑）。

（8）发票要求（发票金额、产品名称等），发票价格。

（9）购买方案推荐：全款、贷款、融资租赁、租赁等（向其他业务推荐客户有奖励）。

（10）其他服务项目推荐（交税、办证、车辆保险/代步车、车辆保养、车辆维修/代步车、物流公司服务、二手车收购等），向其他业务推荐客户有奖励。

（11）客户经理推荐：经领导同意、批准，为客户确定、推荐客户经理。试用期一个月，客户对其满意，确定下来，客户不满意，更换客户经理，直至客户满意。

商务推荐方案直至客户满意。不能达到客户满意时，将客户继续放在意向客户表中。意向客户对运输方案满意、产品满意、商务推荐方案满意，在车辆方案、商务推荐方案上签字确认，意向客户就成了意向目标客户。

十、利用其他形式进行意向客户的开发

利用品牌传播、产品展示、产品巡展、意向客户座谈会、PPP市场开发、参与政府市场招标等销售方法，进行意向客户的开发。将意向客户变成意向目标客户。

十一、建立意向目标客户明细表

将物流方案满意、车辆方案满意、商务方案满意的客户汇总，建立意向目标客户明细表。

十二、意向目标客户成为目标客户，转交客户经理

商务经理与意向目标客户签订合作协议，建立关系，明确为其服务的客户经理及联系方式。签订客户购买车辆产品合作协议书。至此，意向客户开发完成，意向客户成为目标客户。商务经理建立目标客户明细表及客户（开发）档案，转交客户经理。

十三、客户经理为目标客户进行全方位服务

由客户经理负责对客户进行全方位的服务。

（1）目标客户明细表一定要有提醒功能：包括车辆置换提醒、年审提醒等；

（2）意向客户开发的流程、表格、模板见车辆营销部业务管理流程与表格。

2.1.3　跟踪客户

跟踪客户的目的是引起客户注意、激发其兴趣，为顺利转入下一步推销创造条件。在销售过程中一次性谈成客户的概率不高，80%的客户是在跟进中实现的。跟进的方法和技巧得当可以大大提高业绩。跟进的中心思想一般有以建立关系和好感为中心，以解决客户疑虑为中心，以快速成交为中心，下面介绍几种常用的跟进方法：

1. 留下拜访借口

要主动提出回去将为客户查一些资料，顺势约好下一次见面的时间。我们每一次见完客户，如果当天无法签单，就一定要为下次见面做好铺垫。

2. 做产品专家，塑专业形象

如果第一次拜访时已经向客户介绍了产品知识，那么第二次拜访时应该复述上次介绍产品的要点，大部分客户都不会记住我们第一次介绍的内容。

如果第一次没有介绍产品，那么在第二次拜访时就要对产品做一个详细的介绍，介绍产品的优势和亮点，产品能给客户带来怎样的利益。通过我们的介绍，让客户产生购买的欲望，一定要展现出我们的专业形象，随时做好成交准备。

3. 保持拜访频率

一般我们在首次拜访客户后，最好是在 3~4 天后，对客户进行第二次拜访。如果隔的时间太久，客户可能就会忘记我们，跟得太紧，会让客户反感。之后的拜访时间要根据客户的等级进行安排。

如果客户近期购买的可能性比较大，我们的拜访频率相对要高一些。对于目前没有购买需求的潜在客户，可以放低拜访频率，可以是两周、三周，也可以是一个月或两个月再拜访一次。

4. "打带跑" 战术

"打带跑" 战术是日本推销之神原一平常用的销售技巧。

他在每次拜访客户时，善于判断，能够掌控拜访时间。当他发现此次拜访不可能成交时，绝不做"烂板凳"，经常在和客户谈得正开心的时候，对客户说，下一位客户还等着我拜访呢。即使客户挽留，他也会匆匆离开。这样让客户觉得他的时间观念强生意一定很好，能给客户留下一个好印象。要记住，自己主动离开总比客户不耐烦催着你离开要好，同时也给下一次拜访留下机会。

5. 选择"特殊时期"拜访客户

我们在跟踪拜访客户的过程中，一定要有明确的拜访目的，选择"特殊时期"拜访的效果会大大加强。

6. 主动联系客户

做好客户的跟踪，需要遵循的原则是"主动"联系客户，而不是"被动"地等待客户的召唤。这样做一方面表达出了我们的诚意和服务姿态，显得尊重和重视客户；另一方面便于随时了解客户真实需求，避免了某些时候客户没有收到资料也无从联系我们。

7. 坚持与客户沟通和联系

跟踪客户要全方位、多形式地跟踪客户，不管是电话、短信，还是邮件等，总之，要保证每个星期都与重要客户至少有一次以上的沟通和联系，这样既能表示我们对客户的尊重和重视，又能很好地提醒客户"我们的存在"，客户一旦有真正的需求，首先就会想到我们，坚持做下去，就是胜利。

坚持每个周末给重点客户发短信息。在每个周末，更具体点是在每周五晚上，给所有重点客户，包括已经签单的客户、即将签单的客户、重点跟踪的客户、需长期跟踪的较重要的客户，逐一发送问候短信。

8. 给客户一个明确的时间

当客户提出需求时，应在第一时间给予对方一个明确的时间，当场不能明确时间的，必须在约定的时间内给予明确反馈，明确告诉客户，"您提的这个问题，我需要咨询一下老板；我会在明天上午之前给您一个明确的答复！"这样的答复会让客户非常满意，同时也能最大限度赢得客户的理解和支持。

9. 主动与客户沟通，加强回访工作

对于我们的重点客户，尤其是已经签单的重点客户必须学会加强回访工作，主动与客户沟通，提前了解和发现问题，从而在问题积累之前，将问题予以解决，从而赢得客户更大的满意度。

2.2 潜在客户

2.2.1 潜在客户的定义

所谓潜在客户，是指对某类产品存在需求且具备购买能力的待开发客户，这类客户与企业存在着销售合作机会。经过企业及销售人员的努力，可以把潜在客户转变为现实客户。

> **知识链接**
>
> **漏斗原理**
>
> 漏斗原理（图2-2）是一种常用的销售和营销理论。它基于一个简单的观点，即营销者可以通过清楚的步骤找到最终的目标客户，从而实现最大的销售量。

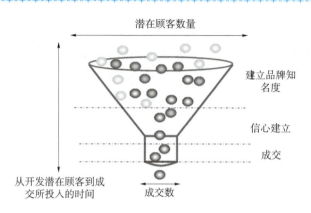

图 2-2 漏斗原理

（1）加大漏斗尺寸；

（2）更有效地说服不确定意向客户；

（3）寻找更好的意向客户；

（4）加快漏斗的工作速度；

（5）每周补充漏斗。

2.2.2 潜在客户的来源

潜在客户的来源如图 2-3 所示。

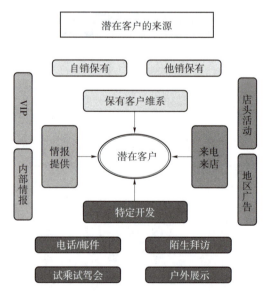

图 2-3 潜在客户的来源

1. 保有客户维系

保有客户就是指已经购买过本品牌汽车的车主。保有客户量是指店内年回厂频次达到一定数值（该数值各厂家设定不尽相同）的售后固定客户的总量。

客户维护是企业成功的关键。客户维护不仅仅指保持老客户，还要培养新客户，以及提高客户满意度，增加客户消费力。凭借良好的客户关系可以增强企业的市场竞争力，拓展更多的市场，实现企业的可持续发展。

要想在竞争激烈的当今市场上成功，企业必须制定有效的客户维护管理方案，以便更好地保持客户的忠诚度，提高客户的满意度，提高企业的市场活力。

2. 情报提供

老客户转介绍和内部员工的亲朋好友资源是潜在客户的一个来源，利用这些人脉关系可以深度挖掘潜在客户。

3. 展厅（来电来店）客户

地区广告能为店头带来电话问询，店头活动能为店里引流，这两部分客户是新客户的主要来源，做好电询客户跟踪与展厅客户接待，从客户信息中筛选出潜在客户。

4. 特定开发

潜在客户资源可以通过电话/邮件、陌生拜访、试乘试驾会、户外展示等方式获得。

2.3　潜在客户开发

2.3.1　客户开发的准备工作

一、产品对应客户群体的寻找

1. 产品的提炼

深入了解你的产品，找到客户用它的理由，提炼出产品的特点和优势，深入挖掘产品的卖点，了解产品价格是否灵活可变通。在了解产品的优势、卖点以后，还要考虑如何用通俗易懂、生动形象的语言来介绍产品和产品的优势，让客户能够很快明白，而不是讲了半天客户还不知道你的产品是做什么的。

2. 明确客户群体

根据产品和已存在的客户群体来分析客户基于什么需求而需要此类产品，又是出生什么原因只选择你家的产品还不选择别人家的产品。有这种需求的客户可能在哪里出现？会关注什么问题？他们是如何找产品的？你了解客户的维度越多，对客户的定位就越精准，再根据你掌握的精准定位来确定寻找客户的渠道，重点突破简单的、核心主流的营销渠道，切忌广撒网，什么都想得到的结果通常是什么都得不到。

二、客户分类标准的制定

找到你的客户群体后，需要进行多次联系，以明确客户需求。客户到底是不了解又不愿去了解产品；或是已了解产品但拒绝；或是正在了解产品中；或是希望了解产品但近期不考虑购买；或是还是正在考虑购买产品？按客户状态来制定后面跟进策略和投入时间比例。

对于不了解又不愿意了解产品的客户，一月跟进一次，重点跟客户谈其关注的事情，同时想办法引导其痛点/乐点来刺激其需求。

对于已了解产品但拒绝的客户，一月跟进一次，可以了解一下客户拒绝的原因，再做进一步判断，是放弃跟进，还是解决其顾虑/问题。

对于正在了解产品的客户，保持一定的跟进时间，向其展示专业性，让他感觉有问题找你，一定能解决，可两周回访一次。

对于希望了解产品但近期不考虑购买的客户，在介绍完产品及回复其问题后，每周跟进一次，回访时间可以跟客户商量。

对于正在考虑购买产品的客户，每天/隔天跟进，帮忙解决其问题，等待客户购买，如果一直没有购买动作，可以用限时促销、活动等方法来促进其购买。

上述内容只是一个简单的说明，具体还是要根据自己的产品、客户属性来全方面考虑，细分再细分。从无需求状态到已成交的客户量，是一个金字塔式的存在，我们把80%的维护时间放在塔尖那20%可成交的客户上，才能真正提高工作效率，当然前提是我们得找到那20%的客户。

三、客户开发计划的准备

准备一份可量化、标准化、可考核的开发客户计划。具体包括以下几点：

（1）总时间安排和细分时间安排与开发量预计，每天花多长时间来开发客户资源，对不同类型的客户各分配多少时间。

（2）确定跟进进度和每个不同进度所要达到的目的，准备用哪些步骤来诱导客户最终购买，每次跟进前准备好跟客户洽谈的内容。

（3）客户如果拒绝，要采取哪些方法让客户转变态度；如何消除客户对交易达成、价格或者存在争议之处的异议。

（4）假如和客户没有达成交易，退一步的目标是什么（比如，让客户给你推荐新客户，或者其他方面的合作）。

四、自身准备

1. 自信

至少50%的业务员做不好业绩是因为对自己的产品不够自信，无论你的产品优势有多不明显，问题有多少，价格有多高，存在即合理，总会有属于它的受众群体。有自信不见得100%成功，但没自信却100%不会成功。试想一下，自己都觉得你的产品不好，客户又为什么要选择你的产品呢？所以首先要对自己的产品有充分的信心。

对自己产品的自信往往来源于以下几点：

（1）你成功开发客户的时间周期与自信成反比，客户数量与自信成正比。

（2）你的准备工作是否足够充分，对产品、竞争对手、客户是否有准确的认识。

（3）扬长避短的谈判技巧，是否能巧妙化解客户可能对产品不利的印象，在谈判过程中越谈越自信，而不是越谈越不自信。

（4）通过"心理暗示"来增强自己的信心，摒弃对自己不利的心态。

2. 积极

无论生活还是工作，积极的心态自然会带来更多正能量。同一件事，用不同的心态去看待，会得到不同的结果。所谓正能量，不是要从别人身上汲取的，而是自己应该散发出来影响别人的能量。另外，还可以"向上比"，来刺激自己的"成功欲"。要知道当客户在跟你联系时，也在跟其他公司的业务员联系，业务员是否积极，很多时候直接决定了客户选择购买谁的产品。你永远不知道客户在哪个时间点会购买，但你的积极性能让客户在需要购买的时候，马上找到你。

3. 敬业

开发客户，要有永不言弃的敬业心态，并且持续地去开发客户，这样在老客户资源不断扩大的同时，还有"新鲜血液"的供给。很多客户能开发成功，得益于业务员的爱岗敬业。

2.3.2　电话开发

"电话销售赢在准备！"在打电话之前准备一份名单。如果不事先准备名单，大部分销售时间将不得不用来寻找所需要的名字。你会一直忙个不停，总感觉工作很努力，却没有打几个电话。因此，在手头要随时准备可供一个月使用的人员名单。

"只有在实战中你的成长才会最快！"——专注工作。在销售时间里不要接电话或者接待客人。充分利用营销经验曲线。正像任何重复性工作一样，在相邻的时间片段里重复该项工作的次数越多，就会变得越优秀。销售也不例外。你的第二个电话会比第一个好，第三个会比第二个好，依此类推。在体育运动里，这被称为"渐入最佳状态"。

你会发现你的销售技巧实际上随着销售时间的增加而不断改进。

"对于电话，一定要有数量才有质量，所以要多打电话!"——尽可能多打电话。在寻找客户之前，永远不要忘记花时间准确定义你的目标市场。在电话中与之交流的，就会是市场中最有可能成为你客户的人。

如果你仅给最有可能成为客户的人打电话，那么每一个电话都将是高质量的，因为你联系到了最有可能购买你产品的准客户。在一小时中尽可能多打电话，由于每一个电话都是高质量的，多打总比少打好。

"电话只是一个敲门砖，更准确地讲第一次打电话就是要知道有无需求或者潜在需求!"——电话要简短。销售电话的目标是获得一次约见。你不可能在电话上销售一种复杂的产品或服务，而且你当然也不希望在电话中讨价还价。销售电话应该持续大约 3 分钟，而且应该专注于介绍你自己、你的公司；大概了解一下对方的需求，以便你给出一个很好的理由让对方愿意花费宝贵的时间和你交谈。最重要的是别忘了约定与对方见面。

"电话销售就是要选对时间，选对时间就成功了一半!"——如果利用传统销售时段不奏效，就要避开电话高峰时间进行销售。通常人们打销售电话的时间是从早上 9 点到下午 5 点。如果这种传统销售时段对你不奏效，就应该将销售时间改到非电话高峰时间，或在非高峰时间增加销售时间。最好安排在 8:00—9:00，12:00—13:00 和 17:00—18:30 销售。

我们都有一种习惯性行为，你的客户也一样。很可能他们在每周一的 10 点都要参加会议。如果你不能在这个时间接通他们，要从中吸取教训，在该日其他时间或改在别的日子给他打电话。你会得到出乎预料的成果。"一定不要以为只能在上班和工作时间才能联系!"

"合理高效使用电脑整理资料，会腾出更多的时间处理其他事情"——客户资料井井有条。你所选择的客户管理系统应该能够很好地记录需要跟进的客户，不管是三年后才跟进还是明天就要跟进。

"做销售一定要有预期目标，但预期目标要注重现实!"——开始之前先要预见结果。我们要先设定目标，然后制订一个计划朝着这个目标努力。这条建议在寻找客户和业务开拓方面非常有效。你的目标是要获得会面的机会，因此你在电话中的措辞就应该围绕这个目标而设计。

"销售就是勤奋+坚持+方法，电话销售也如此。"毅力是销售成功的重要因素之一。大多数销售都是在第五次电话之后才成交的，然而大多数销售人员则在第一次电话之后就停下来了。销售，就像任何其他事情一样，需要纪律的约束。销售总可以被推迟，你总在等待一个环境更有利的日子。其实，销售的时机永远都不会有最合适的时候。不要等待，立即行动！

2.3.3　登门拜访开发

直接拜访陌生客户在销售界称为"扫街"，这种拜访客户的方法也叫"扫荡法"，遵循的原则是先难后易、先远后近。客户"二八法则"，在你拜访的所有客户中，平均会有20%的潜在客户对你所推销的产品感兴趣，在这些人群中，有一定比例的潜在客户会购买你的产品。

在这种方法中，目标客户并不是事先选定的、已经联系好的，而是选择一个特定的群体，然后一个一个地去拜访这个群体的所有成员，拜访的客户越多越好。这种方法是所有销售人员的基本功，它不仅能给你带来业绩，还能让你加深对社会、对客户、对人性的理解，为自己的未来打下深厚的基础。

拜访前要做好以下准备工作：

（1）企业/产品宣传手册、宣传单页，作为营销人员，必须了解企业的发展史、企业文化、企业资质荣誉、企业目前的优势等。

（2）宣传资料要随身携带，同时要做成PPT放在手机里备用。宣传资料根据企业发生的重大事件以及产品的推广等随时进行调整。

（3）产品生产知识，作为营销人员，要了解产品的生产工艺、生产流程，即要知道产品是怎么来的；要了解公司所用的生产设备尤其是优于竞争对手的设备。

（4）产品价格，对公司产品和竞品的价格了然于胸。对于公司产品价格高于竞品价格的情况，要提炼公司产品的优势（包括工艺、质量、用料等方面）。产品及竞品分析，掌握公司产品特点、卖点、使用场景等，掌握竞品的卖点，并有针对性的打击解释。

（5）销售政策，熟悉公司的销售政策，包括常规政策和首次回款政策等。了解竞品的相关政策，包括常规政策、首款政策、临时政策等并及时反馈至公司。

（6）公司网站/微信公众号等，在宣传单页、个人名片、个人邮箱以及给客户的所有资料上面必须标有公司的网站、微信公众号，并提醒客户随时关注。网站、公众号总部要有专人负责，内容常换常新。

（7）行业背景资料，作为营销人员，要通过专业性的网站、业内专家等了解目前的行业状况及发展趋势，作为与客户沟通的工具之一。

（8）时下热点，了解时下热点，作为与客户沟通的工具之一。

与客户沟通，不是简单的卖产品，应该是以建立良好的人际关系为前提，因此营销人员应该多学习、多复盘，以增强自身的综合素养。

2.3.4 老客户开发

开发十个新客户，不如维护一老客户。老客户的转介绍率对企业业绩提升具有非常重要的作用，因为口碑的力量，往往会带来连锁反应与利润成倍的增加。所以我们要重视老客户的服务与维护，并提升老客户转介绍率。常见的老带新的营销方式有以下几种：

（1）邀请有礼：老用户邀请朋友来注册你的产品，然后老用户和他的朋友双方均获得奖励。这是邀请有礼的核心玩法。升级玩法是在这个玩法之上对奖励进行一些调控，来增加分享激励的力度。比如普通的玩法是邀请好友注册，双方各获得 20 元。那么老用户每邀请一个人就可获得 20 元，邀请 3 个人拿到的是 60 元。升级玩法是邀请第一个人奖励 20 元，邀请第二个人奖励 21 元，邀请第三个人奖励 22 元，邀请 3 个人就是 63 元，明显比普遍玩法的力度大。

（2）裂变红包：微信群里的红包，有数量限制。裂变红包的玩法借用了微信群红包。因为红包有人数限制，所以该老用户的朋友通过朋友圈或者微信群也可以领取红包。为了增加裂变红包的趣味性，可以学习微信群红包，在所有用户领取完红包后，来一个最佳手气领取者继续发红包，如此可一直玩下去。

（3）分享福利：这个玩法适用于提供虚拟产品的平台，或者是一些提供服务类产品的平台。比如在线教育类公司，提供了线上的付费课程。但是在一些课程里有一个功能叫作分享免费听。当用户把这节课程分享出去，就可以不花钱免费听。所以从收费到免费，可以有效激励用户进行分享。

（4）拼团：具体的玩法就是由某个人开团，可以以团购价格购买某件物品，并由用户将这个组团分享出去，让更多人加入拼团，最终大家都可以以团购价购买该商品。

（5）口碑裂变：口碑裂变核心就是超出客户的期望值，让客户觉得有惊喜或是十分认同你的产品或服务，这样就会自动自发地向亲朋好友推荐，也会在自己的社交圈里传播。这是最好的裂变方式。零成本就能获得许多的新用户，而且只要产品好，就会形成一个良性循环。

2.3.5 网络开发

互联网世界处处存在着商机。利用网络寻找并开发客户其实很简单。网络营销，简单来说，就是通过网络平台做营销。既然是一种营销方式、营销活动，那么我们就得结合公司的产品、业务模式、售后服务、竞争优势等去做。网络销售是为了让我们的产品与服务被更多人知道并选择。常见的网络开发渠道有以下几种：

1. 搭建官网，做关键词排名

对于企业来说，在网络上要有一个属于自己的官方宣传渠道，官网就是其中重要的一个宣传渠道。因为官网上发布的信息，企业自身可以控制，发布什么内容不受第三方限制。搭建官网，通过前期的策划、设计与开发，充分展现企业的实力与产品的卖点，进行网站的优化与推广、更新与维护，使官网在搜索引擎中有一个好的排名。当客户需要在网上买东西时，通过关键词搜索找到官网，并通过官网上留的联系方式与企业进行沟通，最终实现交易。网站的关键词排名越高，曝光率就越高，点击率就越高，自然咨询量就多，这样成交的可能性也就越大了。因此，在制作网站之前，一定要做好定位，确定将网站设计成什么风格，展现哪些内容，导航是什么，还要进行关键词优化，选取与设置合适的关键词，对提高网站访问的精准性会起到很大的作用。网站好不好，最终呈现在排名、点击率、用户的页面浏览量、用户在网站停留的时间、客户的咨询量、通过网站的成交量等方面，这些都是需要进行分析与总结的。当然，现在也有一些企业通过搭建商城来销售产品。

2. 发布信息

通过在第三方平台发布信息来开发客户。这种方式是通过 B2B 平台、论坛、社区、博客、知道、QQ 群等渠道发布信息，一方面提高曝光率，另一方面当感兴趣的客户看到了就可能去联系，从而实现进一步沟通。发布信息，是为了让客户看到，吸引感兴趣的人进一步了解。要想被更多的人看到，需要找用户数多且与产品相关性大的网站、论坛、贴吧、社区、QQ 群去发布，这样成交的概率就更大一些。在 B2B、博客、知道等平台，可以通过优化信息内容、提高信息内容的可读性，使信息在搜索引擎和平台上有一个好排名，让更多的人看到。

3. 搜索信息

网络平台汇聚人气多的地方，就是有人的地方。有人的地方，就会有客户存在。所以，可以搜集合适的平台，在平台上通过与产品、潜在客户等有关的关键词去搜索信息，找到相关性高的信息之后，就要想办法与发布信息的人取得联系。最终的成交概率，取决于在搜索信息时的筛选与沟通。在互联网上搜索信息，一般需要找到电话、邮箱、QQ、传真号等，然后通过这些方式与潜在客户取得联系。

4. 通过 QQ 群，加 QQ 好友

QQ 群是一群志同道合、相关行业的人聚集在一起交流与讨论。通过 QQ 群可以获取人脉，寻找客户。因此，可以多加一些相关行业的 QQ 群，与群成员做好互动，和管理员打好关系。这样即使在群里发广告也可能不被踢出去。此外，还可以通过群发邮件来宣传产品，吸引客户。在 QQ 群里，除了聊天，发布共享的信息之外，还可以主动加一些群成员为好友，与他们进行沟通和交流。

5. 通过微博开发客户

微博的传播速度很快，只要是一个热度高的信息，除了微博的互相转发与@，一旦

被一些媒体注意到，就会大肆报道。微博上聚集着很多人，同一类人关注的内容差不多。人们所取的微博名、发布的博文大都与自己所从事的行业以及感兴趣的内容有关。所以可以通过关键词去寻找客户，并与他们取得联系。当然，通过微博开发客户，一方面需要主动寻找，另一方面需要自己开通微博账号，吸引更多的粉丝关注。当粉丝量多了再发布某个信息时，影响力就会增加。此外，还可以通过微博私信与对方进行沟通。

6. 通过旺旺开发客户

旺旺，相信很多人都用过，不仅是国内，国外也有很多人使用。阿里巴巴、淘宝、天猫都可以通过旺旺进行联系。对于开发客户来说，旺旺是个不可多得的工具，因为阿里巴巴、天猫、淘宝是做生意的地方，聚集了大量的人，包括各行各业的卖家和买家。买家在这些平台寻找商品，发布需求信息，卖家在平台上通过搭建商铺，进行宣传，做排名。对于开发客户来说，可以通过定位客户的关键词去寻找商家，并且与他们进行联系。

7. 通过知道、微信、贴吧、博客等平台开发客户

网络平台有很多，而且平台是分门别类的，不同平台聚集的人群不一样，版块也有所不同。只要在网络上有发布信息的地方，就会有供方与需求方。网络对于每个人都是平等的，要努力去寻找客户，寻找的方法很多，你可以通过发布高质量的内容及产品、吸引客户来找你。各大平台为了增加用户的互动性，留住用户，通过添加好友、发私信等方式为双方沟通交流提高便利，这些工具都是开发客户的利器。

任务实施

任务 2.1　客户转介绍

步骤一：筛选客户并建立转介绍客户名单

谁会为你转介绍，可以进入你的转介绍客户名单呢？这些需要在销售过程中进行调查、分析和识别。一般从以下几个关键点进行分析：

（1）认同对公司的产品和服务。

（2）为人友好，容易接近，乐于助人。

（3）你喜欢与之打交道，客户也乐于和你接触的客户。

（4）有一定地位，人脉广，经常与外界打交道，也就是 KOL（关键意见领袖）；

（5）你们有互相帮助的一面，存在后续交往的可能性。

步骤二：根据转介绍客户名单的客户类型和利益需求，拟订应对策略

类型一：爱出风头型（黄金客户）。此类客户喜欢出风头，爱表现自己，看重荣誉，虚荣心强。他们觉得能给亲戚朋友介绍业务，帮助亲戚朋友是一件很有面子的

事情。

这类客户特别愿意主动介绍新客户，而且一般是不要任何好处的。对于这样的客户，应该多给他表现的机会，并且多在他人面前赞美他，称赞其个人影响力强，人脉广，心肠好等，让他的虚荣心得到极大满足。此类客户可以称为黄金客户，如果能维护好几个这样的客户，那转介绍来的新客户就源源不断了。

类型二：喜欢金钱型。此类客户很现实，要金钱或物质上的好处。我们应与他开门见山，直接谈好处，只要条件满意，他定会卖力为你介绍新客户。这类客户相对较多，好处比例应一致。

类型三：需求交换型。此类客户较高冷，一般不会主动为你介绍新客户。但如果你在他急需帮助时，为其解决了问题，此时趁热打铁"求介绍"，成功率会大大提高。所以面对此类客户，平时要多联系，多留心，及时发现客户需要哪些帮助，如能解决，则要尽心尽力帮其快速解决问题。

类型四：朋友义气型。此类客户讲义气，看重朋友间的情谊，经常会出于友谊为你介绍新客户。他们如果认可你，会把你当作好朋友、好兄弟。对于此类客户，我们要以处朋友的方式与其交往，不要掺杂过多的利益。对于这类客户要多在公众场合表达对其的赞美、感恩之情。例如，只要是客户为自己转介绍，除了给介绍人及时汇报进展情况，还要在自己朋友圈发一条消息：感恩××为我介绍客户，××是我生命中的贵人，是个非常热心助人的老板。同时，顺便提一下介绍人是做什么生意的，在朋友圈图片中还可放上介绍人公司名称、名片等帮其做宣传。

请对自己的客户进行筛选，建立自己的转介绍客户名单，并对上述客户进行分类，并完成下述作业：

（1）以××型号汽车为例，为类型一的客户编写求介绍的话术，并准备好书面资料，或者电子版本素材。客户只要复制、粘贴就可以做到转介绍。一定不能让对方感觉麻烦而放弃做转介绍。

（2）以××型号汽车为例，为类型二的客户编写求介绍的话术，话术中需指出具体好处。

（3）为类型四的客户编写一条感谢转介绍并帮其做宣传的朋友圈内容。

任务2.2　客户陌拜

陌拜，是一个营销词语，指不经过预约直接登门对陌生人进行拜访，是业务人员常用的寻找客户的方式，也称为扫街或者扫楼。

从任务2.1名单中选择一个作为陌拜的对象，根据已知的客户信息，做好陌拜计划：

陌拜时间：_____

陌拜地点： _____

陌拜对象： _____

推荐车型： _____

开场白设计： _____

任务 2.3　网络集客

各汽车企业都在合作汽车之家、易车、懂车帝等网络集客渠道，希望通过集客式营销找到更精准的潜在顾客，在获得更高收益转化的同时能减少市场营销的成本。

经销商利用搜索引擎的规则提高网站在有关搜索引擎内的自然排序，向相关网站付费进行关键词的搜索优化，在熟悉各网站规则确保后台积分满分的情况下获取集客线索。同时在各大直播平台开展直播讲车，从直播中获取大量销售线索，实现高效集客。

为了更好地选择媒体创建合适的矩阵，分析不同媒体的特性，如公司官网、微信公众账号及汽车分类的垂直门户网站，都能够帮助消费者更全面地掌握汽车产品资讯；以抖音、快手为代表的短视频平台为消费者提供更具互动性的品牌社交空间；小红书、懂车帝通过用户线上分享消费体验提升营销"种草"的精准度。

请你统计目前公司的网络集客渠道，在已有集客渠道"□"内打"√"，整理出各渠道的销售线索数量和转化率，填入表2-8，并设计/补充网络集客方案。

公司官网□　　　微信公众账号□　　　汽车之家□　　　易车网□　　　懂车帝□

太平洋汽车网□　爱卡汽车□　　　　网上车市□　　　瓜子二手车□

搜狐汽车□　　　第一电动网□　　　有驾□　　　　　抖音直播□

小红书直播□　　微信直播□　　　　淘宝直播□　　　快手直播□

表2-8　相关数据统计

平台名称	月平均销售线索	转化率	营销内容	内容形式 （文字、图片、视频）	受众群体

🌀 任务评价

各学习小组针对小组训练与手册完成情况进行展示与互相评价，填写表2-9。

表2-9　客户开发评分表

序号	评价项目	评价指标	标准分	自评	互评	师评	合计
1	职业素养（20%）	认真制订计划，执行力强	4				
		能够进行团队协作，有责任意识	4				
		擅于沟通表达，相互分享	4				
		遵守行业规范，现场7S管理	4				
		会收集信息，解决问题	4				
2	专业能力（70%）	能撰写转介绍客户名单	15				
		能给自己的客户进行分类	15				
		能撰写不同类型的客户开发话术	20				
		能做出客户陌拜计划	10				
		能做网络渠道集客整理和网络集客开展计划	10				
3	创新意识（10%）	具备创新性思维与行动	10				

🌀 任务测试

一、填空题

1. 客户开发的步骤包括，＿＿＿＿＿＿＿、＿＿＿＿＿＿＿＿、收集客户信息、＿＿＿＿＿＿＿＿＿＿＿和＿＿＿＿＿＿＿＿＿＿＿＿＿＿。

2. 客户开发的准备工作有＿＿＿＿＿＿、＿＿＿＿＿＿＿＿＿、＿＿＿＿＿＿、自身的准备。

3. 商用车大客户一是指客户的＿＿＿＿＿＿大，二是指客户的＿＿＿＿＿＿大。

4. 潜在客户的来源有保有客户维系、老客户情报提供、＿＿＿＿＿＿和＿＿＿＿＿＿。

5. 直接拜访陌生客户在销售界称为"＿＿＿＿＿"，这种拜访客户的方法也叫"扫荡法"。

二、选择题（多选题）

1. 下面选项属于商用车客户群体分类考虑因素的有（　　　）。

A. 年龄　　B. 文化程度差异　　C. 行业经验　　D. 宗教信仰　　E. 地理位置

2. 下列选项不属于商用车集团用户选购车辆看中的因素是（　　）。

A. 品牌和信誉　　　B. 质量与安全　　　C. 成本和油耗　　　D. 舒适性

三、判断题

1. 如果利用传统销售时段不奏效，就要避开电话高峰时间进行销售。　　（　　）

2. 寻找客户是推销程序的第一个步骤。　　（　　）

3. 寻找客户不是维持和提高销售额的需要。　　（　　）

4. 选择高质量的车辆，不仅意味着会在很大程度上减少车辆运营故障，提高出勤率，还代表着车辆在整个使用周期中会降低维修成本。　　（　　）

5. 行业用户最关注车辆的维修时机和服务质量。　　（　　）

四、问答题

1. 客户开发计划包括哪些方面？

2. 销售人员如何对自己的产品越来越自信？

任务3

客户接待与沟通

任务导入

客户接待是我们从事商务活动的一个重要组成部分，是我们进行商务洽谈、客户沟通的有效载体。一次优质的客户接待活动既能充分展示公司业务人员的业务水平、综合素质、谈判技能、组织能力及协调能力，又能充分展示公司的品牌形象和综合实力，更能促进双方合作的顺利进行，促进项目洽谈的顺利展开；同时，还能促使新合作项目的生成，将双方的合作提高到战略伙伴合作的层面。因此，一次考虑全面、服务周到的客户接待活动对于生产型企业的销售工作推进起着举足轻重的作用。

客户对于企业来说，是赖以生存的关键，优秀的企业既重视客户资源的管理，又懂得与客户沟通，客户沟通对于企业的发展有着重要意义。一方面，可以向客户传递企业的产品或服务理念。另一方面，可以主动向客户征求对企业产品或服务及其他方面的意见和建议，理解客户的期望，并为他们提供更高品质的服务以挖掘更大的价值。当然，企业与客户之间的沟通不光是要基于企业产品或服务而进行，更要注重情感上的沟通，从而加深客户对企业的情感依恋。

任务描述

有一对夫妻的朋友购买了柳汽商用车且体验也不错，因此这对夫妻顺道来展场看东风大马力车型。他们目前拥有车辆15台左右，主要品牌为东风和解放，根本不了解柳汽商用车。应该怎样接待这对夫妻呢？小李想先从柳汽的品牌历史文化和商用车的地位进行介绍，让客户认可柳汽的品牌和地位。那么接下来，他又该如何做呢？

任务目标

知识目标

1. 知晓客户接待的流程。

2. 晓客户接待前的准备工作。

3. 知晓客户需求分析的方法。

技能目标

1. 能够独立做好客户接待工作。

2. 能够通过客户需求分析，做好产品推荐。

3. 能够在客户接待过程中提升客户的满意度。

素养目标

1. 能以良好的精神面貌和积极的工作情绪接待客户。

2. 能够帮助客户权衡得失，推荐适合客户的车型。

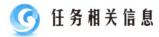 **任务相关信息**

3.1 客户接待

3.1.1 客户的期望

了解了客户的购买动机，并不能保证客户一定会买你的产品。但是，销售高手会去设定客户的期望值，会有效地设定客户最有可能实现的比较现实的期望值。当然，关键是要把他们的期望值设定在你的产品能满足的范围之内。只有创造了客户期望值，才能为成交打下坚实的基础。

一、期望值的设定

设定客户期望值就是要告诉你的客户，哪些是他可以得到的，哪些是他无法得到的。最终目的就是跟客户快速达成成交协议，这个协议应该建立在双赢的基础上。

如果你为客户设定的期望值和客户所要求的期望值之间差距太大，那么就算运用再多的技巧，客户也不会接受。因为客户的期望值对客户自身来说是最重要的。因此，如果销售人员能有效地设定对客户来说最为重要的期望值，那么最终协议的达成就要容易得多。

二、降低期望值的方法

当销售人员无法满足一位客户的期望值时，他就只剩下一个技巧，那就是怎样去降低客户的期望值。要做到这一点，应该按以下步骤进行：

1. 准确地掌握客户最重要的期望值

我们可以先通过提问了解大量的客户信息，并从中准确地掌握客户最为看重的期望值。比如，一位客户去买油漆，销售人员向他推荐"立邦漆"，并向他介绍这种油漆的质量非常好，十年都不会褪色，可它的价钱是普通油漆的两倍。如果这位客户是一个开饭店的客户，他虽然会认可这个油漆不错，但是会认为太贵了点儿。因为对他来说，十年不褪色对他不重要，一家饭店不可能十年才装修一次。

假如这位客户买油漆是家用的，而且家里有孩子，他虽然可能不认同你的价格，但是这种油漆十年不褪色对于他来讲是最重要的，可能他就会购买。

这两个例子说明，客户的期望值中最重要的期望值决定了生意能否成交。所以，我们一定要先弄清客户的期望值中最重要的那部分核心需求。

2. 对客户的期望值进行有效排序

对客户的期望值进行有效排序，以帮助客户认清哪些是最重要的。客户会有不同的期望值，但却有轻重之分。销售人员只有知道哪些是客户能够接受的，哪些是客户不能够接受的，才能够说服客户。

案例分享

某先生的期望

×先生要到外地出差，他要购买飞机票。他的期望值包括以下四点：

（1）晚上6点之前到达目的地，因为那里有很多朋友等着为他接风吃饭；

（2）希望机票打6折，因为他的公司只能够报销6折机票的费用；

（3）机型是大飞机，因为大飞机比较安全和舒适；

（4）是北方航空公司的飞机，因为他觉得这家的飞机比较安全。

售票员帮他查了一下，发现没有哪一次航班能完全满足他的所有期望值，最后就提供了四个方案供他选择：

方案一，北航的大飞机，晚上6点之前到，价格是原价；

方案二，南航的小飞机，价格是6折，晚上6点之前到；

方案三，北航的大飞机，价格是6折，晚上11点到；

方案四，南航的大飞机，价格是7折，晚上6点之前到。

×先生是一位非常注重信誉的人，不愿让朋友等着，那么他就不可能选择晚上11点到的飞机。这时候他会选择其他三种方案，再看他的第二个期望值是什么。

如果×把价格排第一位，把朋友排在第四位，那么最佳的方案就是北航的晚班飞机。

> 如果他认为价格是第二重要的，那么北航的原价机票就被排除了，南航的 7 折机票也被排除了。剩下就只能选择南航的小飞机，既是 6 折，又能够在晚上 6 点到，尽管这不是大飞机，同时也不是北航的。
>
> 如果他是把时间排在第一位，安全和舒适排在第二位和第三位，价格无所谓，那么他最有可能接受的就会是北航的原价机票。

3. 客户的某些期望值无法满足

当你发现客户的某些要求你完全无法满足时，你只能去告诉客户，说你提供的对于他而言实际上是真正重要的，而你不能够满足的那些期望值对他而言实质上是不重要的，这样客户才有可能放弃其他的期望值。

切记，当你不能满足客户的期望值时，你一定要说明理由。

4. 客户只有一个期望值却无法满足

当客户只有一个期望值却无法满足时，只能首先承认客户期望值的合理性，然后告诉客户为什么现在不能满足。同时，给客户提供更多的信息和选择，并帮助他们设定期望值，以期能和他们达成协议。

5. 心理暗示

心理暗示是降低客户期望值的一种很有效的方法。在向客户介绍自己的产品前，为了让他们能接受你的产品，就需要对其进行心理暗示，为他们设定期望值，让他们不再挑三拣四。

3.1.2 客户的满意度

顾客满意是指对一个产品可感知的效果（或结果）与期望值相比较后，顾客形成的愉悦或失望的感觉状态。早期在满意度方面的研究主要集中在产品方面，而学者 Cardozo（1965）认为提高顾客的满意度，会令顾客产生再次购物的行为，而且不会转换其他产品。

"以顾客为关注焦点"，是 ISO 9000 族标准 2000 版对 1994 版标准的重大改进。当前，市场的竞争主要表现在对顾客的全面争夺上，而是否拥有顾客取决于企业与顾客的关系，取决于顾客对企业产品和服务的满意程度。顾客满意程度越高，企业竞争力越强，市场占有率就越大，企业效益就越好，这是不言而喻的。"顾客是上帝""组织依存于顾客"已成为企业界的共识，让"顾客满意"也成为企业的营销战略。

ISO 9001 中指出："组织应监控顾客满意和或不满意的信息，作为对质量管理体系业绩的一种测量"，并在 ISO 9004 中对顾客满意程度的测量和监控方法以及如何收集顾客的信息提出了具体的要求，因此，凡已获得认证的企业或潜在的将要贯彻 ISO 9001—2000 族标准的企业，都应积极开展顾客对产品和服务满意或不满意因素的研究，确定顾客满意程度的定量指标和定性描述，划分好顾客满意级度，并对顾客满意程度进行测量、分析，改进质量管理体系。确定顾客满意程度的指标和顾客满意级度是对顾客满意度进行测量控制的关键问题，顾客满意度是评价企业质量管理体系业绩的重要手段，为此，要科学确定顾客满意的指标和满意的级度并对顾客满意度进行测量监控和分析，然后再进一步改进质量管理体系。

一、顾客的需求结构

要建立一组科学的顾客满意程度的评价指标，首先要研究顾客的需求结构。经过对顾客做大量的调查分析，得出顾客需求的基本结构大致有以下几个方面：

（1）品质需求：包括性能、适用性、使用寿命、可靠性、安全性、经济性和美学（外观）等；

（2）功能需求：包括主导功能、辅助功能和兼容功能等；

（3）外延需求：包括服务需求和心理及文化需求等；

（4）价格需求：包括价位、价质比、价格弹性等。

组织者在提供产品或服务时，均应考虑顾客的这四种基本需求，但是，由于不同国家地区、不同的消费人群对这些需求有不同的需求强度，在消费后又存在满意水平的高低。当顾客需求强度高时，只要有不足，他们就会有不满或强烈不满；当需求强度低时，只需低水平的满足即可。

故此，企业应该根据不同的顾客需求，确定主要的需求结构，以满足不同层次顾客的要求，使顾客满意。

二、顾客满意指标

满意，是对需求是否满足的一种界定尺度。当顾客需求被满足时，顾客便体验到一种积极的情绪反映，这称为满意；若顾客体验到的是一种消极的情绪反映，这称为不满。

顾客满意，是指顾客对某一事项已满足其需求和期望的程度的意见，也是顾客在消费后感受到满足的一种心理体验。顾客满意指标，是指用以测量顾客满意程度的一组项目因素。

要评价顾客满意的程度，必须建立一组与产品或服务有关的、能反映顾客对产品或服务满意程度的产品满意项目。由于顾客对产品或服务需求结构的强度要求不同，而产品或服务又由许多部分组成，每个组成部分又有许多属性，如果产品或服务的某个部分或属性不符合顾客要求时，他们都会做出否定的评价，产生不满意感。

因此，企业应根据顾客需求结构及产品或服务的特点，选择那些既能全面反映顾客满意状况又有代表性的项目，作为顾客满意度的评价指标。全面就是指评价项目的设定应既包括产品的核心项目，又包括无形的和外延的产品项目。否则，就不能全面了解顾客的满意程度，也不利于提升顾客满意水平。另外，由于影响顾客满意或不满意的因素很多，企业不能都一一用作测量指标，因而应该选择那些具有代表性的主要因素作为评价项目。

三、顾客满意级度

顾客满意级度是指顾客在消费相应的产品或服务之后，所产生的满足状态等次。

顾客满意度是一种心理状态，是一种自我体验。对这种心理状态也要进行界定，否则就无法对顾客满意度进行评价，心理学家认为情感体验可以按梯级理论划分为若干层次，相应可以把顾客满意程度分成七个级度或五个级度。

七个级度为：很不满意、不满意、不太满意、一般、较满意、满意和很满意。

五个级度为：很不满意、不满意、一般、满意和很满意。

案例分享

东风商用车快速响应，只为客户满意

"这个故障所需的配件，那个服务站没有储备。"

"那就从最近的配件分库调，一定要以最快速度调配到客户所在地，绝对不能耽误客户后续的车辆运营……"

东风商用车后市场事业部的会议室里，传来了激烈的讨论声，这就是客户满意度管理科举行的VOC（客户之声）日例会。大家对当日的客户投诉案例进行主动分析、快速响应、紧急处理，以提升投诉处理效率和关闭率，满足客户的多样化需求。

"我们科室是3月成立的，负责客户全方位满意度管理，并将满意度提升到行业领先水平。7月至今，我们已累计召开了50余次日例会，解决了197起客户投诉，单日投诉量下降37%。"客户满意度管理科科长何蒇介绍道。

此外，客户满意度管理科还建立了VOC周例会工作制度，邀请研发、质量、营销、供应商等全价值链参与，成立CFT工作小组。在每周五将当周最紧急和集中的抱怨进行研讨和处理，为防止再发做到提前预警。目前已召开26次VOC周例会，解决121条市场抱怨重点问题。图3-1为东风工作人员与商用车客户交流。

图 3-1　东风工作人员与商用车客户交流

今年，东风商用车将提升客户满意度作为营销转型的重点项目，并随之成立了客户满意度委员会，倾听客户之声。目前，正拉动全价值链快速响应需求、优化改善产品，重点解决客户关注的"疑难杂症"。

管理专家根据心理学的梯级理论对七梯级给出了以下参考指标：

1. 很不满意

表现：愤慨、恼怒、投诉、反宣传。

描述：很不满意状态是指顾客在消费了某种商品或服务之后感到愤慨，恼羞成怒、难以容忍，不仅企图找机会投诉，而且还会利用一切机会进行反宣传以发泄心中的不快。

2. 不满意

表现：气愤、烦恼。

描述：不满意状态是指顾客在购买或消费某种商品或服务后所产生的气愤、烦恼状态，在这种状态下，顾客尚可勉强忍受，希望通过一定方式进行弥补，在适当的时候，也会进行反宣传，提醒自己的亲朋不要去购买同样的商品或服务。

3. 不太满意

表现：抱怨、遗憾。

描述：不太满意状态是指顾客在购买或消费某种商品或服务后所产生的抱怨、遗憾状态，在这种状态下，顾客虽心存不满，但想到现实就这个样子，不能要求过高，于是认了。

4. 一般

表现：无明显正、负情绪。

描述：一般状态是指顾客在消费某种商品或服务过程中所形成的没有明显情绪的状态。也就是对此既说不上好，也说不上差，还算过得去。

5. 较满意

表现：好感、肯定、赞许。

描述：满意状态是指顾客在消费某种商品或服务时所形成的好感、肯定和赞许状态。在这种状态下，顾客内心还算满意，但按更高要求还差之甚远，而与一些更差的情况相比，又令人欣慰。

6. 满意

表现：称心、赞扬、愉快。

描述：满意状态是指顾客在消费了某种商品或服务时产生的称心、赞扬和愉快状态。在这种状态下，顾客不仅对自己的选择予以肯定，还会乐于向亲朋推荐，自己的期望与现实基本相符，找不出大的遗憾所在。

7. 很满意

表现：激动、满足、感谢。

描述：很满意状态是指顾客在消费某种商品或服务之后产生的激动、满足、感谢状态。在这种状态下，顾客的期望不仅完全达到，没有任何遗憾，而且可能还大大超出了自己的期望。这时顾客不仅为自己的选择而自豪，还会利用一切机会向亲朋宣传、介绍推荐，希望更多人来消费。

五个级度的参考指标类同顾客满意级度的界定是相对的，因为满意里有层次之分，但毕竟界限模糊，从一个层次到另一个层次并没有明显的界限。之所以进行顾客满意度的划分，是供企业进行顾客满意程度的评价所用。

四、顾客满意信息的收集与分析

收集顾客满意信息的方式多种多样，包括口头的和书面的。企业应根据信息收集的目的、信息的性质和资金等来确定收集信息的最佳方法。收集顾客满意信息的渠道有以下七个方面：

（1）顾客投诉。

（2）与顾客的直接沟通。

（3）问卷和调查。

（4）密切关注的团体。

（5）消费者组织的报告。

（6）各种媒体的报告。

（7）行业研究的结果。

标准要求，企业应对顾客满意信息的收集进行策划，确定责任部门，对收集方式、频次、分析、对策及跟踪验证等做出规定。

收集顾客满意信息的目的是针对顾客不满意的因素寻找改进措施，进一步提高产品和服务质量，因此，对收集到的顾客满意度信息进行分析整理，找出不满意的信息确定纠正措施并付诸实施，以达到预期的改进目标。

在收集和分析顾客满意信息时，必须注意两点：

（1）顾客有时是根据自己在消费商品或服务之后所产生的主观感觉来评定满意或不满意。因此，往往会由于某种偏见/情绪障碍和关系障碍，顾客心中完全满意的产品或服务他们可能说很不满意。此时的判定也不能仅靠顾客主观感觉的报告，也应考虑是否符合客观标准的评价。

（2）顾客在消费产品或服务后，遇到不满意时，也不一定都会提出投诉或意见。因此，企业应针对这一部分顾客的心理状态，利用更亲情的方法，以获得这部分顾客的意见。

3.1.3　接待客户的目的

1. 创造客户热情

用热情营造最好的开场气氛，让客户打心眼里喜欢你。

"只有划着的火柴才可以点燃蜡烛"，这里把火柴比喻为热情，把蜡烛当作客户，只有当销售人员自身充满热情的时候，才能用自己的实际行动和贴心语言感染态度冰冷的客户，才能让蜡烛熊熊燃烧。

热情是世界上最有价值的一种感情，也是最具感染力的。有人做过研究，热情在成功销售的案例中占的分量为95%，而产品知识只占5%。当你充满了热情，即使工作不是很顺利也会很好地完成任务。如果没有热情，你的工作就会像放蔫了的蔬菜，毫无生气和新鲜可言。

有热情才会有动力，有动力才能全身心地去做好每一件事，尤其是对客户讲话的时候，这是成功的基本要素之一。无论是对商场超市里的导购员，对固定客户服务的销售人员，还是对拿佣金的销售人员来说，热情都能创造交易。

热情最能够感化他人的心灵，在对待顾客的时候要富有热情，在销售过程中待人接物更要始终保持热烈的感情。热情会使人感到亲切、自然，从而缩短对方的感情距离，同你一起创造出良好的交流思想、情感的环境。一名销售人员在面对客户时一定要充满热情，用自己充满热情的话语去感染客户，只有这样，才能够打动客户。

那么，怎样才能充满热情呢？

（1）销售时要充满热情。

要将自己内心的感觉表现到外面来，让我们把侧重点放在促使人们谈论他们最感兴趣的事情上，如果我们做到这一点，说话的人就会像呼吸一样不自觉地表现出生机。

（2）对于自己销售的产品要充满激情。

激情是有感染力的，当你对自己的产品充满激情的时候，就会感染自己的客户。试想一下，客户为什么要购买连销售人员都没有一点兴趣的商品呢？所以，自己首先要对自己销售的产品充满激情。

（3）需要把握尺寸，不能过分热情。

过分热情会使人觉得虚情假意，而有所戒备，无形中就筑起了一道心理上的防线。

2. 使客户得到尊重

作为一名销售人员，真正的语言魅力来自情感，来源于真诚地为客户着想，更来源于对客户的尊重。销售人员在销售过程中，应当站在客户的立场上想问题、办事情，只有这样才能够赢得客户。

无论是谁，在受到别人尊重的时候，内心的好感必然会油然而生，相信销售人员所面对的每一位客户也不例外。销售大师曾经说过："在跟别人相处的时候，大家要记住，和自己交往的不是逻辑的人，而是充满感情的人，是充满偏见、骄傲及虚荣的人。"这句话就是在告诉大家，人在本性上是希望被别人钦佩、赞美及尊重的。在如今这个变化莫测的市场中，销售人员与客户沟通的关键之处就在于是否能真正地抓住人性中这一共同的"弱点"，是否能做到去满足客户希望得到尊重的欲望。

那么，如何在销售语言中体现出对客户的尊重呢？

（1）从牢记客户的名字开始。

要知道记住客户的名字是一件非常重要的事情。如果忘记客户的名字，后果会很严重。彼此见面时的称呼也很重要，一般的称呼是姓加职务，如张董事长、张总等。当遇到位居副职的客户时，应尽量把"副"去掉。另外，称呼客户并不是一成不变的，而是需要根据销售场合的不同而有所改变。

（2）让客户自始至终保持一种优越感。

在与客户进行沟通时，应不时给予客户真诚的赞美和向客户虚心请教，这些都会让客户认为销售人员非常重视他，会让客户觉得自己是个重要的人物。当客户的这种优越感被满足时，其警戒心也就逐渐消失了，他与销售人员之间的距离就会被拉近，销售成功率也会大大提高。

（3）学会敏锐地洞察客户的一切。

要细心地观察客户，尤其是当客户的情绪处于低谷时，要用心去体谅客户的心境，给予适当的安慰；当客户成功时，也要不失时机地、巧妙地赞美几句，这同样能增强与客户的沟通。在销售过程中，还应敏锐地觉察客户想躲避的话题，一旦客户言语支支吾吾，或者有意岔开所谈的话题，切不可盘根究底，而是要设法转移话题。

总而言之，销售人员是为客户服务的，是为客户着想的。在优秀销售人员的心目中，客户的利益就是他们一切行动的指南。满足客户的愿望，就能够让他们感受到被尊重。这需要销售人员从客户的角度出发，站在客户的立场去思考问题，并尽可能准确无误地找出客户所关心的利益点。

3. 培养客户对品牌的忠诚度

品牌忠诚度是消费者对某一品牌具有特殊的偏好，因而在不断购买此类产品时，仅认可这一品牌而放弃对其他品牌的尝试。下面是用户具备品牌忠诚度的几种表现：

（1）单品复购率高。

这是衡量一个客户对品牌忠诚度的最基础指标，如果客户长期对某一品牌进行复购，可以称得上对该品牌有忠诚度；而且品牌推出新品时，很大概率会继续购买这个新品。

（2）价格敏感度低。

如果长期选择该品牌，在其他产品价格不变的前提下，该品牌价格微调不会使客户受到影响甚至没有关注到价格变化，这也是品牌忠诚度的表现。其实所谓的价格不敏感用户，多数都是因为对某些长期使用的品牌产生了忠诚度。

（3）眼中无竞品品牌。

在真正有品牌忠诚度的客户眼中，同样一个品类，竞品品牌都会默认无存在感，或者认定比自己所选的品牌差，即便这个竞品品牌也很厉害。

（4）愿意为品牌额外付出。

这里的额外付出包括很多，比如付出时间精力、个人资源能力，甚至金钱。

很多对品牌忠诚的客户，会花更多时间去关注品牌信息，甚至帮品牌去二次传播信息，例如很多国外品牌，最初并没有专业的国内传播团队，很多时候都是忠实粉丝在传播品牌信息。这些都是忠诚客户的额外付出。

（5）能接受品牌的不完美。

对品牌的容忍度在很大程度上能衡量用户对一个品牌的忠诚度。当某些品牌遭遇公关危机，被全民声讨的时候，仍有很多用户坚定支持该品牌，和该品牌站在一起，这一定是忠诚用户。

那么如何获取用户忠诚度呢？

（1）产品竞争力是一切的前提。

这是让用户长期追随的前提，无论是产品还是个人，想获取粉丝单凭投机取巧只是一时的，自身实力过硬才是最根本的。

（2）真正把用户体验放在首位。

似乎每个品牌都在说这件事，但真正遇到利益取舍和价值观冲突的时候，才能看到哪些品牌是真的肯为用户体验放弃其他的。

（3）不要过度消耗用户信任度。

获取用户信任是一件有长远价值的事，但如何巧妙利用这个优势去获取利益，是每个品牌要思考的事，经常消耗用户信任，只可能是短期获利行为。

（4）知错能改的能力。

其实很多品牌是能意识到自己的问题的，但真正从意识问题到改正问题，却是很多品牌做不到的，特别是一些大的跨国品牌。虽然其中可能涉及很多复杂因素，但这却是品牌能否长期吸引用户的重要手段。

3.2　销售人员的准备

3.2.1　销售人员的自我心理准备

汽车销售人员要取得好的销售业绩，具备良好的心态是关键，一名优秀的汽车销售人员需要具备的心态包括以下几方面：

1. 真诚

态度是决定一个人做事能否成功的基本要求，作为一名销售人员，必须抱着一颗真诚的心，诚恳地对待客户和同事，只有这样，别人才会尊重你，把你当作朋友。销售人员是企业的形象，企业素质的体现，是连接企业与社会、消费者、经销商的枢纽，因此，销售人员的态度直接影响着企业的产品销量。

2. 自信心

信心是一种力量，首先，要对自己有信心，每天工作开始的时候，都要鼓励自己。要能够看到公司和自己产品的优势，并把这些熟记于心，要和对手竞争，就要有自己的优势，就要用一种必胜的信念去面对客户和消费者。

作为汽车销售人员，你不仅仅是在销售商品，你也是在销售自己，客户接受了你，才会接受你的商品。被称为汽车销售大王的世界吉尼斯纪录创造者乔·吉拉德，曾在一年中推销汽车1 600多部，平均每天将近5部。他去应聘汽车推销员时，老板问他，你推销过汽车吗？他说，没有，但是我推销过日用品，推销过电器，我能够推销它们，说明我能够推销自己，当然也能够推销汽车。知道没有力量，相信才有力量。乔·吉拉德之所以能够成功，是因为他有一种自信，相信自己可以做到。

3. 用心

"处处留心皆学问"，要养成勤于思考的习惯，要善于总结销售经验。每天都要对自己的工作检讨一遍，看看哪些地方做得好，哪些地方做得不好，多问自己几个为什么，才能发现工作中的不足，促使自己不断改进工作方法。只有提升能力，才可抓住机会。机遇对每个人来说都是平等的，只要你是有心人，就一定能成为行业的佼佼者。

作为一名汽车销售人员，要去了解客户的每一点变化，努力把握每一个细节，做个有心人，不断地提高自己，去开创更精彩的人生。

4. 韧性

汽车销售工作实际上是很辛苦的，这就要求销售人员要具有吃苦、坚持不懈的韧性。"吃得苦中苦，方为人上人"。销售工作的一半是用脚跑出来的，要不断地去拜访客户、协调客户，主动为其提供服务，销售工作绝不是一帆风顺的，会遇到很多困难，但要有解决的耐心，要有百折不挠的精神。

5. 良好的心理素质

具有良好的心理素质，才能够面对挫折，从不气馁。每一个客户都有不同的背景，也有不同的性格和处世方法，在受到打击时要保持平静的心态，多分析客户，不断调整自己的心态，改进工作方法，使自己能够面对一切责难。只有这样，才能做到克服困难。同时，也不能因一时的顺利而得意忘形，须知"乐极生悲"，只有这样，才能做到胜不骄，败不馁。

6. 交际能力

每一个人都有自己的长处，不一定要求每一个汽车销售人员都八面玲珑、能说会道，但一定要多和别人交流，培养自己的交际能力，尽可能多交朋友，这样就多了机会。朋友多了路才好走。另外，朋友也是资源，拥有资源不会成功，善用资源才会成功。

7. 热情

热情是具有感染力的一种情感，他能够带动周围的人去关注某些事情，当你很热情地和客户交流时，你的客户也会"投之以李，报之以桃"。当你在路上行走时，正好碰到你的客户，你伸出手，很热情地与对方寒暄，也许，他很久就没有碰到这么看重他的人了，或许，你的热情就能促成一笔交易。

8. 知识面要宽

销售人员要和形形色色的人打交道，不同的人所关注的话题和内容是不一样的，只有具备广博的知识，才能与对方有共同话题，才能谈得投机。因此，销售人员要涉猎各种书籍，如天文地理、文学艺术、新闻、体育等书籍，要养成不断学习的习惯。

9. 责任心

作为汽车销售人员，你的言行举止代表着自己的公司，如果你没有责任感，你的客

户也会向你学习，这不但会影响你的销量，也会影响公司的形象。作为一个销售代表，你的责任心就是你的信誉，你的责任心，决定着你的业绩。

10. 谈判力

其实销售人员无时不在谈判，谈判的过程就是一个说服的过程，就是寻找双方最佳利益结合点的过程。在谈判之前，要弄清楚对方的情况，所谓知己知彼，了解对方的信息越多对自己越有利，越容易掌握主动。

3.2.2　销售人员的形象准备

人与人之间的相识是从第一印象开始的。虽然第一印象并不一定能准确地反映一个人的全貌，但我们往往也主要是通过这种方式完成对陌生人的初步筛选。销售人员通常都是穿着正装出现在客户面前，能给人一种"业内人士"的职业感。假如销售人员衣衫不整地去拜访客户，对方可能会对销售人员产生不信任感。

据统计现实生活中消费者因喜欢、信任、尊重某位销售人员而决定购买其推销的产品的比例高达70%。也有很多人对销售人员的不良外表抱有反感态度而放弃购买。这从侧面说明，销售人员在推销产品的同时，也是在推销自己的个人品牌形象。如果个人品牌形象赢得了消费者的好感，销售人员推销的产品也会被爱屋及乌的消费者一并认可。

第一印象引发的情绪，会持久地留在人们的记忆中，从而变成一种直观印象。顾客对销售人员的第一印象如同一个快速识别标签，是喜欢还是反感，短短几分钟就能做出判断。

"在推销中，懂得形象包装、给人留下良好第一印象的推销员，将是永远的赢家。一名推销人员与顾客首次接触时交流时间不会很长，要在有限的时间内，使顾客对自己和自己所推销的产品有所了解并非易事。研究表明，首次印象一旦形成，就很难轻易改变。所以，销售人员应十分重视自己给予他人的第一印象。"因此，任何具有专业素养的销售人员都会非常注意自己的形象，力求通过第一印象折服顾客的心。

1. 良好的仪表

我们看向一位陌生人时，最先映入眼帘的就是他的仪表。因为外观上的细节可以体现出一个人的修养、气质及情操。着装整洁大方的销售人员容易被顾客当成值得信赖的专业人士，而衣冠不整的销售人员会被客户判断为缺乏责任心的人。

2. 训练有素的谈吐

无论哪个行业的销售员，通常都会经过一定的话术训练。话术训练包括各行各业通用的礼貌用语，比如"您好""欢迎光临""请问""谢谢""抱歉""请稍候""没关系""欢迎下次光临""再见"等。专业而热情的谈吐，能体现一个销售人员的思维水平与业务知识的熟练程度，这是销售人员的一张重要名片。如果顾客在交谈中感到沟通不顺畅，就会对销售人员失去信任。

3. 无障碍的沟通

顾客与销售人员之间的谈话，十有八九是在说产品或服务的细节。顾客通过这些情报来了解产品的优劣，进而判断它们有没有购买价值。假如销售人员不能完整地回答对方的问题，顾客就会觉得对方不熟悉自己的业务。此外，有些销售人员原本很熟悉产品信息，但只是照本宣科地背诵产品说明，一直用拗口的专业名词来作答。这种做法看似能体现专业性，其实只会让大多数顾客感到一头雾水。所以，销售人员在推介产品时，切记不要用专业术语，以免让顾客产生理解障碍。

上述三个方面的因素影响着销售人员在顾客眼中的专业性。聪明的销售人员要学会反过来利用顾客的主观判断标准，塑造自己在相关领域的专家形象。

因此，高情商的销售人员在每一次接待顾客时，都会营造一个能让对方减轻压力的环境。在外表上给人庄重、严整的感觉。说话时既深入浅出、条理清楚，在关键处又能突出自己的专业素养。绝不过分堆砌专业名词，但一定会针对顾客的疑问来讲明白怎样使用产品更便捷高效。争取做到百问不倒，顾客才会信服你是这方面的专家，从而积极采纳你的提议。

这样一来，你就成功地在顾客心中树立起了一个人格品牌。当顾客认可了这个人格品牌后，你推销的产品自然容易被他们接受。所以说，做销售就是展现自己。只有在言行举止中充分表现出自己闪亮的一面，才能赢得更多的客户与订单。

3.2.3　销售人员应掌握的知识结构

1. 行业与企业知识

销售人员应熟悉行业状况及代表企业情况，对于行业有一定的了解和把握，对产业链熟悉。销售人员和客户交流行业状况时能够侃侃而谈，能够分析上下游情况和竞争对手情况。

掌握企业知识，一方面是因为顾客了解一种产品时必然要了解其相关企业；另一方面销售人员熟练掌握自己企业的知识，能够在销售活动中体现企业的方针政策，达成企业的整体目标。销售人员掌握企业的知识应以顾客的需求为出发点，主要包括：企业的历史、企业的方针政策、企业的规章制度、企业的生产规模和生产能力、企业在同行中的地位、企业的销售策略、企业的服务项目及企业的交货方式与结算方式等。

2. 产品知识

销售人员掌握产品的性能与相关知识，在销售过程中能清晰明了地向顾客说明，从

容不迫地解答顾客的疑问。商用车是价格高且技术复杂的产品，顾客通常希望能更大限度地了解产品的特征和情况，以减少购买的风险。销售人员应对自己所销售的产品在原材料及商品质量、生产过程及生产工艺基数、产品的性能、产品的使用、产品的维修与保养、产品的售后保证措施等方面有深入了解。

（1）某商用车产品架构图。

商用车产品架构，如图 3-2 所示。

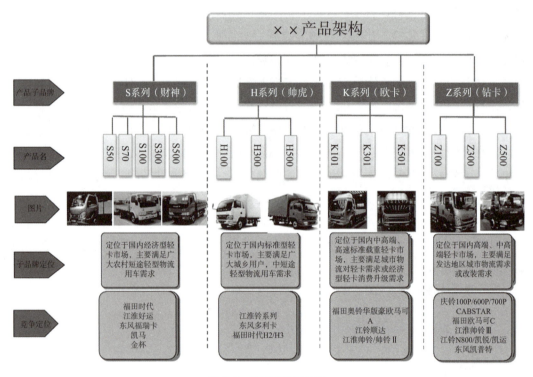

图 3-2　商用车产品架构

（2）商用车产品销售亮点。

商用车销售亮点一览表如表 3-1 所示。

表 3-1　商用车销售亮点一览表

亮点	车前方	车侧方	车后方	引擎舱	驾驶舱
亮点一	整体式大灯	车身示廓灯	货厢	发动机动力	人性化仪表台
亮点二	格栅	进气管及空滤	货箱底板	强化变速箱	组合仪表
亮点三	前牌照饰板	强化车身	后防护杠	隔热装置	方向盘
亮点四	框架后视镜	车架	尾灯		座椅
亮点五	导流罩	板簧			

（3）ACE 竞品对比方法的运用。

ACE（Acknowledge Compare Elevate，认可—比较—提升），认可是指认可客户的判断是明智的，认可竞品车型的优势，牢记客户的需求；比较是指从对客户有益、对本品有利的方面进行比较；提升是指强调本品对比优势以及给客户带来的利益，讲故事讲场景，促进购买。以乘龙品牌为例，其 ACE 竞品对比方法如图 3-3 所示。

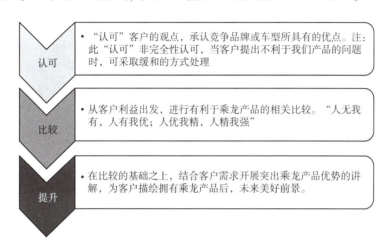

图 3-3　乘龙品牌 ACE 竞品对比方法

3. 市场知识

市场是企业和销售人员活动的基本舞台，了解市场运行的基本原理和市场营销活动的方法，是销售人员必备的功课，也是企业和销售人员获得成功的重要条件。需要销售人员掌握的市场知识是非常广泛的，因为销售活动涉及各种各样的主体和客体，销售的内容和方式都十分复杂。销售人员应努力掌握市场经济的基本原理和趋势、市场营销及商品销售的策略与方法、市场调研与市场预测的方法、供求关系变化的一般规律、消费心理及购买行为的基本理论等专业知识，不断充实自己的知识库，巧妙应对各种顾客提出的问题。

3.3　环境与展车的准备

3.3.1　展厅氛围营造

在国外，每个汽车展厅都有自己的参观路线，门口的样车是看外观的，里面的样车可以触摸，客户可以仔细了解车辆的特性，再往里是关于这种车型的详细介绍，包括厂方提供的资料和媒体评论。经销商们容易犯一个错误，一看没有客户就关灯，偌大的展厅里采光不佳，形象当然也就不佳了。

按照国外标准，离门口不远处必须有 3 辆展车，分别展示该车的侧面、前脸和后脸。如果汽车前脸美观，应该放到主展示台上。每个展厅都应该有一个主展台，只是在展示前后脸时切忌正面对着大门，应该稍侧一下，否则颇显呆板。

主展台的灯光运用和样车间距如果想突出这类车型的流线效果，就应充分利用侧光源而非投射光源。一些大型展厅中的商务谈判席离展车太远。客户总希望离样车越近越好，抬头就能瞧见。而有的展厅在谈判席和样车之间放置了几盆绿植，严重阻挡了视线，这种做法是不明智的。展厅的环境需要满足以下几点：

（1）展厅内、外墙面、玻璃墙等保持干净整洁，应定期（1 次/半年）清洁。

（2）展厅内部相关标识的使用应符合公司有关要求。

（3）应按公司要求挂有标准的汽车营业时间看牌。

（4）展厅的地面、墙面、展台、灯具、空调器、视听设备等保持干净整洁，墙面无乱贴的广告海报等。

（5）展厅内摆设型录架，型录架上整齐放满与展示车辆相对应的各种型录。

（6）展厅内保持适宜、舒适的温度，依照标准保持在 25 ℃左右。

（7）展厅内的照明要求明亮、令人感觉舒适。

（8）展厅内须有隐蔽式音响系统，在营业期间播放舒缓、优雅的轻音乐。

（9）展厅内所有布置物应使用公司可提供的标准布置物。

（11）每辆展车附近的规定位置（位于展车驾驶位的右前方）设有一个规格架，规格架上摆有与该展车一致的规格表。

（12）展车间相对的空间位置和距离、展示面积等参照手册执行。

（13）其他项目参照《展车规范要求》及《展示布置规范示意图》执行。

（14）顾客休息区保持整齐清洁，沙发、茶几等摆放整齐并保持清洁。

（15）顾客休息区桌面上备有烟灰缸，烟灰缸内若有 3 个（含 3 个）以上烟蒂，应立即清理；每次在顾客走后立即把用过的烟灰缸清理干净。

（16）顾客休息区设有杂志架、报纸架，各备有 5 种以上的杂志、报纸，其中含有汽车杂志、报纸，报纸应每天更新，杂志超过一个月以上需更换新版。

（17）顾客休息区设有饮水机，并配备标准的杯托和纸杯。

（18）顾客休息区需摆放绿色植物盆栽，以保持生机盎然的氛围。

（19）顾客休息区配备大屏幕彩色电视机（29 英寸以上）、影碟机等视听设备，在营业时间内可播放汽车广告宣传片和专题片。

（20）业务洽谈区的桌椅摆放整齐有序，保持洁净，桌面上备有烟灰缸，烟灰缸内若有 3 个（含 3 个）以上烟蒂，应立即清理；每次在顾客走后立即把用过的烟灰缸清理干净。

（21）接待台保持干净，台面上不可放有任何物品，各种文件、名片、资料等整齐有序地摆放在台面下，不许放置与工作无关的报纸、杂志等杂物。

（22）接待台处的电话、电脑等设备保持良好的使用状态。

3.3.2　展车维护与清洁

展车的维护与清洁，是汽车销售中非常基础又极其重要的一环，因为展厅内的展车清洁与否，不仅关系到销售店面和产品本身的形象，更体现了对客户的尊重。因此，汽车销售公司应该认真做好展车的维护与清洁，营造出良好的销售环境，让消费者看得舒心、买得放心。

首先准备展车清洁工具，展车清洁工具主要有抹布、鹿皮、牙刷、轮胎宝、柏油清洁剂、表板蜡等。然后进行展车内外部清洁和日常维护。

1. 展车外部清洁

展车外部清洁包括漆面清洁、玻璃清洁和轮胎清洁。

（1）漆面清洁。

首先要用鸡毛掸掸掉全车漆面上的浮灰，然后用蘸水的鹿皮将车头、车顶、后备厢、车两侧的全身漆面擦拭一遍，如果有油渍或其他污点，可以喷少许柏油清洁剂，两分钟后用抹布擦拭干净，如果有氧化斑点或细微划痕，应该涂抹部分水晶蜡，用抹布细细擦拭，直到去除或改善，对于车门缝隙、橡胶条、油箱盖、后视镜等细微且不易擦拭之处，可以用牙刷蘸清水刷干净；最后再用鹿皮重新擦拭一遍全车。

（2）玻璃清洁。

首先用抹布蘸少量玻璃清洁剂将天窗及各处玻璃清洁一次，再用鹿皮蘸清水擦拭一次，进行完全清洁。

（3）轮胎清洁。

首先，用清水将轮胎洗一遍；然后，将轮胎内的石子等异物用钳子等取出；接着，将轮胎均匀喷上轮胎光滑剂；五分钟后再用抹布将轮胎擦干净。

清洁挡泥板内外侧时，用抹布蘸清水将其擦拭干净即可。

2. 展车内部清洁

展车内部清洁可分为清洁发动机舱、仪表盘和中控台、汽车座椅、汽车地板四大部分。

清洁发动机机舱时，首先要用抹布蘸清水将发动机舱内所有可见部分擦拭干净；有

缝隙的地方用牙刷进行处理；有电路的地方要以半湿抹布小心地进行处理。

清洁仪表盘和中控台，只要用鹿皮清洁一次，然后喷部分表板蜡上光即可。

清洁汽车座椅可以视座椅的材料而定，如果是针织座椅，就要用干净的鹿皮擦拭去除浮灰；如果是真皮座椅，也要用鹿皮进行擦拭，并喷少许表板蜡去除污渍，用干净的鹿皮擦拭一下。

清洁汽车地板时，销售人员要先将脚垫拿出，用抹布擦拭干净，然后再用吸尘器吸地板上的灰尘；最后再用抹布擦拭死角及油门、刹车踏板等处。

3. 展车日常维护

展车日常维护工作根据责任人而定，每个责任人的职责各不相同。

销售人员是第一责任人，首先要做好每日两次的日常清洁维护：先对全车内外进行擦拭，如果展车有明显的灰尘或手指印，要及时擦干净，如果有污渍，要立即用保养品去除。

每周要进行维护检查：测试蓄电池电量，观察橡胶件是否老化、刹车盘是否生锈。如果维护内容出现异常，立即报告展厅经理。

展厅经理作为第二责任人，这时就要接受销售人员对展车异常问题的报告，并联系车辆管理员或其他部门进行相关处理。另外，展厅经理还要每日进行两次例行检查，检查销售人员的展车清洁和维护状况。

车辆管理员是第三责任人，听从展厅经理对展车维护工作的安排，主要包括：蓄电池维护、橡胶件维护和刹车片维护。

3.4 销售工具准备

（1）当地主销产品图片、公司有关证书、客户案例、合同书、报价单、价格表等助销相关文件资料；

（2）名片、打火机、香烟、笔记本、计算器、卷尺、钢笔、擦布 8 大销售工具；

商用车销售
准备学习视频

（3）营销活动表：明确客户采购阶段、客户内部的组织结构、客户内部采购的角色与态度；不断了解客户的需求；建立客户关系；评估分析图；强化客户关系计划表。

3.5　客户接待

3.5.1　破冰

1. 动作

销售人员站立于离客户 2~3 m 处的前方，微笑着与客户打招呼，行注目礼；靠近客户握手、介绍公司及自己，递上名片，与客户保持 1.2 m 左右的距离。

2. 开场白

说好开场白，让客户释放压力，轻松进入下一环节。

（1）客户在卖场看车。

"您好，过来看车？"

"您好，外面挺热（冷）的，是先看车还是到店里休息一下？"

（2）客户直接进店。

"您好，过来看车？"

"您好，是先坐下喝杯茶，还是先看看车？"

3. 适当称赞客户

巩固与客户的情感关系。投其所好，称赞客户，使其心情愉悦。

（1）称赞个人客户。

"像您这样懂行的用户不多！以后请多指点了！"

"您对卡车运输非常了解，是运输行家呀！"

"您的眼光真好！您看中的这款车是今年卖得最好的。"

（2）称赞公司客户。

"贵公司是运输方面的领军企业啊！"

"在竞争恶劣的环境下，贵公司能运作这么好实属不易！"

（3）称赞客户的背景。

如果客户带着孩子来看车，可以说："孩子很乖巧！"

客户开了新款车来，可以称赞："你这车是新款的，外形和性能都不错。"

4. 破冰注意事项

（1）首次破冰客户不理会，应带着微笑进行二次破冰，若再不理会应委婉告退，

同时考虑如何再次破冰。比如，二次破冰可问候"没事的，买不买没关系，来了就是客，进去坐坐吧！"；三次破冰可问候"那您先看看，我去给您倒杯茶！"

（2）不能急于介绍产品及服务，比如，不能见到客户直接就问："您好！买什么车啊？"

（3）称赞要适度，不能过头。

3.5.2　客户需求分析

一、需求分析

商业运营的驱动力是客户需求，抓住客户需求、满足客户需求就意味着商业运营的成功。在激烈的商用车市场竞争中，"抓住客户需求"的价值要大于"满足客户需求"。

抓住客户需求主要有三种类型：

第一，响应客户需求。即客户已经有了明确的需求，企业立即进行针对性产品开发和制造，最终满足客户需求。由于目前商用车产品同质化程度太高，企业往往缺乏核心技术，取胜的关键就是拼速度，但是在拼速度的过程当中又很难保证产品品质。

第二，引导客户需求。通过引进一项成熟技术或者配置，直击客户的痛点并引导客户使用。客户初期通常是被动接受，只有在广泛应用且能创造额外价值后，才会普遍接受，例如重卡的 AMT 变速箱、液力缓速器，历经 10 年才实现市场普及。

第三，挖掘"隐形"客户需求。即客户潜意识有这种需求但是很难用语言明确表达出来。这需要提前做大量的沉浸式客户调研，认真分析研究客户行为的动机、收益等，然后总结出客户需求，针对性开发产品去解决客户痛点，为客户创造更多价值，最终赢得客户认可。由此可见，三者的难度依次递增。

二、需求判断

找出适合客户工况的车辆及配置，通过挖掘客户性能需求，找出客户对整车的核心需求配置。

1. 车型配置判断

通过使用工况为客户选型，选定型号的主要核心配置获得客户初步认可。

（1）了解使用工况。

① 您拉什么货？（判断车辆大类及货箱结构）。

答：拉蔬菜。（载货类仓栅货箱）

② 您一般拉多少吨？（判断底盘）。

答：我拉标载，一般拉 30～35 t 吧。（牵引车）

③ 请问您跑哪条线路？（判断计重收费、运距等）。

答：桂林到南宁。

④ 路况好不好？（判断变速箱及后桥速比组合）。

答：主要是高速，少部分是国道和市区路面。

⑤ 跑山区多还是平原多？（校正动力大小及速比匹配）。

答：山区多。

（2）与客户确认车辆配置。

"根据您的情况，我推荐给您这款车，发动机、驾驶室、前后桥、大梁等具体配置是……"

2. 判断核心配置需求

核心需求通过挖掘客户性能需求来判断，也可通过揭示客户过去使用车辆的不满意点进行启发判断。通过这两方面的启发挖掘，判断客户主要关注的车辆配置，通过客户需求的性能，反推产品的哪些配置会影响这些性能，结合你的产品卖点，做重点介绍。

（1）通过性能需求判断。

① 卡车性能需求一般为轻量化、动力性、经济性、安全性、舒适性、二手残值。有些性能需求客户能立刻认识到。但由于客户对产品原理缺乏了解，有些优异的性能需求需要启发挖掘（如龙骨驾驶室的安全性）。

② 判断技术有直接发问和引导启发。

直接发问话术："买车时，您最关注车辆哪方面的性能？"

引导启发话术（以龙骨驾驶室为例）："长期在外跑车，车多路也远！""车多路远难免会有磕碰的意外。""发生了磕碰除了经济损失，还要担心人员生命安全。""如果驾驶室很牢固，能保护成员的安全，有效减少意外损失多好！"

（2）通过在用车问题点判断。

对客户在车辆使用的问题点上进行深度挖掘，使客户产生认同感，进而愿意解决问题；如用户说他的牵引车大梁容易生锈，如何揭示问题，并帮他解决？可以通过以下话术来暗示客户：

话术："日晒雨淋的，一般的大梁在外的确容易起粉生锈。""生锈后整车显得很不美观。""车辆不美观，在转让时，二手车卖不出好价钱。""如果有新的工艺确保大梁不怕日晒雨淋，你愿意购买这样的车吗？"

3. 注意事项

（1）发问应该考虑客户感受。

（2）发问应柔和，不要带情绪化语气。

（3）全程面带微笑。

商用车客户
接待学习视频

案例分享

深耕客户需求，为企业排忧解难

随着电动化、智能化、网联化等技术发展，商用车未来也将成为一个大型的数字智能化产品，不仅要满足客户日常使用需求，更要重视客户体验。如何才能发现新的需求呢？由于很多商用车司机不能用准确的语言或文字描述出新的需求，依靠传统的调研方式很难发现这些需求。

商车邦根据长期的客户调研走访，总结出一套"沉浸式"客户调研的方法，包括产品定位研究、客户心理动态研究、客户动机研究等。"沉浸式"客户调研通过洞察客户的多个细节，反思客户的动机和收益，从而总结和预测那种用语言无法准确描述出来的客户需求，最终给企业提供产品设计创意。

某大型物流公司，车辆总数约100台，为了管理和维修保养方便，采购同一品牌车型，但不固定驾驶员。车队要求司机每天出车前要认真检查车况，包括外廓、灯光、油量、润滑等，需要花费10~15分钟时间。而单个司机无法完成全车的灯光检查，尤其是后刹车灯，需要找人协助。针对以上痛点调研，商车邦建议企业可开发一套车辆自检系统：每天车辆回停车场后，车辆通过自检系统，对各项性能进行自动检查，包括发动机、变速箱、后桥、刹车、灯光等状况，以及平均油耗、所剩燃油、司机驾驶水平评价等，将这些信息全部上传到车队管理系统。在第二天车辆调度时，将车辆信息提前发送到当班司机的手机 App 上，司机只需要花费2分钟就能熟悉车辆状况，并且司机在手机上激发车辆灯光自检功能，远光、近光、转向、雾灯、刹车灯、示廓灯等可依次闪烁，无须上车操作，只需要绕车一周即可完成外廓、灯光等检查工作，大大节约了司机每天出车前的检查时间。

3.5.3　商用车客户的买点

在当前市场环境下，商用车客户对商用车的需求类型众多，如货运车、物流车、公交车、载客车等，越来越注重对车辆的选择。销售人员需深入研究各类型商用车的市场定位和发展趋势，了解消费者的需求偏好。唯有在清晰了解市场需求后，销售人员才能进行针对性的产品推广。

1. 车辆的可靠性

对于商用车客户来说，车辆的可靠性是至关重要的。他们需要车辆能够在长途运输中稳定地运行，避免因出现故障而导致运输延误或货物损失。因此，在选择商用车时，客户会仔细考察车辆的制造工艺、零部件质量以及驾驶体验等方面。

2. 车辆的经济性

商用车客户在选择车辆时，除了考虑购车成本外，还要考虑运营成本。运营成本包括车辆的燃油消耗、维护费用以及人工成本等。一辆经济实用的商用车可以为客户带来明显的成本优势，提高其市场竞争力。

3. 车辆的安全性

商用车客户在购买车辆时，安全性也是必须要考虑的因素。他们需要选择具备完善安全设施和驾驶辅助系统的车辆，以降低在运输过程中的安全隐患。例如，车辆的刹车系统、驾驶室防撞装置以及定速巡航等功能都是安全性的重要体现。

4. 车辆的耐久性

对于商用车客户来说，车辆的耐久性也是关键之一。他们需要一辆能够在长时间、高强度的工作条件下稳定运行的商用车。因此，在购买车辆时，客户会关注车辆的发动机性能、变速器品质以及悬挂系统等关键部位。

案例分享

吴琨展厅成功签单

2022年12月中旬，一对夫妻的朋友驾驶东风柳汽的车拉货，因使用体验好，所以推荐这对夫妻来看柳汽的大马力车型。销售员吴琨通过客户需求分析、产品介绍、试乘试驾、二次回访、促成交易五个环节成功签单。

客户需求分析：客户目前自有车辆15台左右，品牌主要为东风和解放牌。夫妻俩一起来看车，提出近期要购车而且要现车，说明客户有购车动机和购买力。吴琨非常自信地介绍了东风柳汽的品牌历史文化和地位，将这种自信传递给客户，让客户认可柳汽的品牌和地位。

产品介绍：经过初步交谈和对客户工况的了解、客户关注点以及配置需求的分析，考虑到该单位货物稳定，且业务量在不断增加，吴琨分析该客户具有较强的购买力，向客户推荐了明星车型：2022款H7潍柴510轻奢版大马力柴油牵引车，且价格也刚好在该客户的预算范围内。

（1）客户属于80后，着重介绍H7潍柴510牵引车的高效、科技和安全舒适优越感，这是他们现有的东风和解放品牌车所不具备的，以此引起客户的兴趣。

（2）看展场的现车，介绍了该车的全车结构拓扑优化，强劲动力，科学降重不降质，较竞品轻约500 kg，多拉多赚，标配大油箱超长续航，行业首创龙骨框架驾驶室时刻守护司乘人员安全，标配LED大灯，全新轿跑级的液晶仪表，10.1寸多功能影音娱乐等豪华配置。

（3）在介绍时，时刻观察客户的表情，跟客户互动。

（4）客户想要液缓，而推荐的两台车刚好都不带液缓，让客户有些遗憾。

试乘试驾：邀请客户试乘试驾，全面展示驾驶室宽敞、视线、静音、音响、平稳等优势以及乘龙 V+3.0 车联网终身免服务费，可以实现油耗监控、车队管理、轨迹回放、AI 节油控制等诸多功能，这时客户已经迫不及待来亲身体验，顺其自然换位试驾。让客户体验试乘时的体验点，引导客户获得真正的驾驶体验，注意观察客户的表情和互动对话，及时称赞车辆的优势，引导客户认同。从客户的简单反馈中掌握客户对该车辆的喜爱程度，进一步判断其购买可能性。试乘试驾结束后，取得客户的认可。

考虑到客户是抱着看看的目的到店，虽然目前对该车已非常认同，但尝试促成交易时，客户提出还需要考虑一下。吴琨就和客户谈了一些现有用车感受，以及旧车的处理情况等，同时给客户合理报价。再次介绍了这个预算能买到东风所不具备的车辆，强调是一款性价比很高的轻奢版牵引车。离别之际与客户互留了电话，并加了企业微信，并再次与客户约定下次到店时间，探寻客户对车的认可程度，判定 A 级。

回访：第三天回访客户感受，是否喜欢该车型，是否在考虑范围！吴琨尝试邀约客户到店，并向客户传达 2023 年因新增国家法规项价格会上涨 3 000～5 000 元，询问客户现车价格上是否需要支持。客户表示可以，于是将客户级别提高到 H 级。

二次到店成交：五天后客户被成功邀约到店，尝试交易，虽然客户表示目前用车确实比较急，但购买乘龙妻子还是有点犹豫。恰巧展厅里有一位乘龙老客户增购车辆来付尾款，吴琨请老客户坐过来给新客户介绍了自己在使用的 H7 潍柴 460 牵引车的路上行驶体验和使用感受，随即疏解了客户的抵触情绪。吴琨再次拿来车辆宣传资料向客户介绍了该车超高的安全配置和优势卖点，引导客户认可该车物有所值。最终因吴琨的专业讲解和诚意取得了客户的信赖而成功签单。

任务实施

任务 3.1 普通客户接待（展厅来店接待）

1. 接待前准备

（1）接待前准备：按员工礼仪形象标准和办公行政规范标准执行。

（2）销售工具：随身携带笔和文件夹，随时准备记录。

文件夹清单：计算器、笔记本、笔、客户洽谈预算表、销售合同等。

2. 顾客进入展厅

（1）第一顺位和第二顺位值班人员在展厅门口值班，观察到达的顾客。

（2）顾客进店（不限于购车客户，指所有进店客户，售后、销售及兄弟公司领导）时主动问好："您好，欢迎光临"，热情迎接。

（3）询问顾客的来访目的：售后维修保养或理赔的客户，指引、带领到售后前台。

拜访公司领导或集团领导的客户，如未预约的则带领客户先到休息区等候，电话通知客户所找的领导。

3. 客户接待

（1）及时递上名片，简短自我介绍并请教顾客尊姓。

（2）与顾客同行人员一一打招呼。

（3）引导带领顾客到需求车型的展车处看车。

（4）第一顺位值班人员离开接待台时，第二顺位值班人员接替第一顺位值班，同时通知第三顺位派人到接待台。

4. 顾客看车

（1）按顾客意愿进行，请顾客随意参观。

（2）明确说明自己的服务意愿和所在的位置，让顾客知道销售人员在旁边随恭候。

（3）保持一定距离（在视觉和听觉都能关注顾客的距离），在顾客目光所及的范围内关注顾客的动向和兴趣点。

（4）顾客表示有疑问时，销售人员主动趋前询问。

（5）扩大答疑范围，主动向顾客介绍卖点和特性。

5. 与顾客交谈

（1）先从礼貌寒暄开始，扩大说话面，给顾客机会引导对话方向。回应顾客提出的话题，认真倾听，不打断顾客谈话。

（2）第一时间奉上免费饮料、茶水。请顾客入座，待顾客入座后销售人员方可入座。

（3）争取适当时机请顾客留下信息。

（4）进入需求分析，促进成交，转入需求分析流程、签单流程标准。

6. 顾客离开

（1）放下手中其他事务，送顾客到展厅门外，再次递上名片，如若当天为雨天，为顾客打伞。

（2）感谢顾客光临，并诚恳邀请再次惠顾。

（3）目送顾客离开，直至顾客走出视线范围。

（4）回到展厅门口登记来店顾客信息。

两人一组分别扮演销售和顾客，按照上述客户接待流程模拟展厅接待过程。

任务 3.2　大客户等级划分

设计一个大客户等级划分表，描述各级别客户特征，并规划对应的开发计划，如表 3-2 所示。

表 3-2　大客户等级划分表

客户等级（名称）	客户分类标准	客户开发计划	备注

任务评价

各学习小组针对小组训练与手册完成情况进行展示与互相评价，填写表 3-3。

表 3-3　客户接待评分表

序号	评价项目	评价指标	标准分	自评	互评	师评	合计
1	职业素养（20%）	认真制订计划，执行力强	4				
		能够进行团队协作，有责任意识	4				
		擅于沟通表达，相互分享	4				
		遵守行业规范，现场 7S 管理	4				
		会收集信息，解决问题	4				
2	专业能力（70%）	能按展厅客户接待的流程接待来客	15				
		能根据大客户的特征给大客户分级	15				
		能针对不同类型的大客户设计出开发方案	20				
		能针对不同类型的大客户设计出维护方案	20				
3	创新意识（10%）	具备创新性思维与行动	10				

🌀 任务测试

一、填空题

1. 衡量一名用户对品牌忠诚度的最基础指标是＿＿＿＿＿＿＿＿＿＿＿＿＿＿＿＿＿＿＿。

2. ACE 竞品对比方法中 A 代表＿＿＿＿＿＿＿，C 代表＿＿＿＿＿＿＿，E 代表＿＿＿＿＿＿＿。

3. 对于商用车客户来说，车辆的耐久性也是关键因素之一。他们需要一辆能够在长时间、高强度的工作条件下稳定运行的商用车。因此，在购买车辆时，客户会关注车辆的＿＿＿＿、＿＿＿＿＿以及悬挂系统等关键部位。

二、选择题

1. 顾客需求的基本结构大致有（　　）几个方面。（多选题）

A. 品质需求　　　　B. 功能需求　　　　C. 外延需求　　　　D. 价格需求

2. 下列选项不属于抓住客户需求的是（　　　）。

A. 响应客户需求　　　　　　　　B. 引导客户需求

C. 挖掘"隐形"客户需求　　　　　D. 创造客户需求

三、判断题

1. 要知道记住客户的名字是一件非常重要的事情。如果忘记客户的名字，后果会很严重。　（　　）

2. 如果客户长期选择本品牌，在其他产品价格不变的前提下，该品牌价格微调会使顾客受到影响从而不继续选择本品牌。　（　　）

3. 对品牌忠诚的用户，会花更多时间去关注品牌信息，甚至帮品牌去二次传播信息。　（　　）

4. 销售高手会去设定客户的期望值，会有效地去设定客户的最有可能实现的比较现实的期望值。　（　　）

5. 当销售人员无法满足一名客户的期望值时，也不要去降低客户的期望值。　（　　）

四、问答题

1. 如何降低客户的期望值？

2. 销售人员的准备包括什么？

任务4
商用车产品组合与推荐

任务导入

　　现今的商用车市场发展迅猛，各厂商纷纷推出不同的产品组合以应对全新的市场需求，车型众多呈百花齐放之势。与乘用车相比，商用车的运输情况更复杂，车型配置更丰富，更新速度更快。客户在选购商用车的时候，通常会考虑运营环境、调配规划、运营成本、车辆性能、安全条件和法律法规等。在了解客户的需求之后，如何为客户精准地匹配车型，推荐车辆，是商用车销售人员的重要工作之一。本任务重点介绍商用车推荐方法，让销售人员掌握新车推荐的技能。

任务描述

　　我们已经了解了张先生的使用工况和对新车的需求，那么一台怎样的卡车，才可以在张先生的日后运输当中更加的节油高效呢？

　　请按照张先生的需求，选配适合他的车辆，并为张先生介绍该车辆。

任务目标

知识目标

1. 了解商用车产品组合的相关概念。

2. 了解经销商的产品组合策略。

3. 掌握 FABE 介绍法和九点绕车介绍法。

4. 掌握货箱、底盘、牵引车、动力和传动比推荐法。

技能目标

1. 能根据客户需求推荐合适的车辆。

2. 能运用 FABE 法和九点绕车法介绍车辆。

3. 能根据客户需求对车辆进行介绍。

素养目标

1. 保持良好的职业道德和严谨的学习作风。

2. 坚持系统观念，学习用联系的、发展的、系统的观点观察事物。

3. 养成创新思维，坚持守正创新。

4. 能与团队成员保持良好的合作与沟通。

 **任务相关信息**

4.1　商用车的产品组合

4.1.1　产品组合概念

一、产品

产品是指被人们使用和消费，并能满足人们某种需求的任何东西，包括有形的物品、无形的服务、组织、观念或它们的组合。产品一般可以分为五个层次，即核心产品、基本产品、期望产品、附加产品、潜在产品。核心产品是指整体产品提供给购买者的直接利益和效用；基本产品即是核心产品的宏观化；期望产品是指顾客在购买产品时，一般会期望得到的一组特性或条件；附加产品是指超过顾客期望的产品；潜在产品是指产品或开发物在未来可能产生的改进和变革。

本任务所讲的产品组合指的是基本产品的产品组合。

二、产品线

产品线是指一群相关的产品，这类产品可能功能相似，销售给同一顾客群，经过相同的销售途径，或者在同一价格范围内。

一般来说，商用车经销商的产品线有以下几种：

（1）车辆营销产品线：栏板货车产品线、厢式货车产品线、仓栅货车产品线、自卸车产品线等。

（2）销售服务产品线：精品产品线、服务产品线等。

（3）车辆保险产品线：交强险产品线、机动车损失保险产品线、三者险产品线等。

（4）金融服务产品线：银行贷款产品线、厂家融资租赁产品线等。

（5）车辆保养产品线：微型货车保养产品线、轻型货车保养产品线等。

（6）车辆维修产品线："三包"内维修产品线、"三包"外维修产品线、事故车维修产品线等。

三、产品组合

（1）经销商产品组合。经销商产品组合是指以满足不同客户需求为目标，根据客户需求建立业务，各业务所有产品线的集合。

（2）车辆产品组合。车辆产品组合是指以满足不同客户运输需求为目标，以车辆的某一个功能或性能参数（指标）为依据，按照车辆类别、车型（产品线）、驱动形式（产品）、动力（品种）、货箱（花色）等进行分类的一组车辆产品的集合。商用车的产品组合就是上述车辆销售产品线的组合。

（3）配件及精品的产品组合。配件及精品的产品组合是指按照目标客户车辆需求建立的产品组合。

4.1.2 商用车产品组合策略

一、车辆产品的完善组合策略

车辆产品的完善组合策略就是经销商按照客户需求，以开拓产品组合的广度和加强产品组合的深度的方法，将现有的产品组合不断进行完善。开拓产品组合广度是指增加产品线，扩展产品经营范围；加强产品组合深度是指在原有的产品线内增加新的产品。具体方式有以下几种。

1. 增加产品线

（1）增加与原产品线相类似的产品线。例如，在渣土运输车产品线基础上，增加混凝土运输车产品线等。

（2）增加与原产品线毫不相关的产品线。例如，危险品运输车、绿通运输车、牲畜运输车产品线等。

2. 加强产品组合深度

在原有的产品线内，完善产品。例如，原来的渣土运输车产品线只有 6×4、8×4 两种产品，没有 4×2、6×2 的产品。增加这两个产品，可将产品线完善起来。某商用车企业认为，新品的意义在于丰富产品线，精准地抓住细分市场，增强市场竞争力，达到"人无我有，人有我优"的境界。

3. 完善产品组合的优点

（1）满足不同货物、不同客户的需求，提高产品的市场占有率。

（2）充分发挥市场营销人员的能力。挖掘客户资源，扩大经营规模，提高销量。

（3）减小市场需求变动性的影响，分散市场风险，降低损失。

二、车辆产品的差异化策略

车辆产品的差异化策略是指将原产品线内的产品进行功能、性能、配置、服务的差异化设计，实现产品的品牌化、专业化、高档化。

1. 差异化的方法

（1）功能差异化：在装货、卸货、固定、运输、安全、防护、管理上实现功能差异化。

（2）性能差异化：在案例、操稳、动力、油耗、舒适、NVH（噪声、振动与声振粗糙度）、人机工程等方面实现性能差异化。

（3）配置差异化：通过精品、厂家的加换装配置帮助实现差异化。

（4）服务差异化：经销商建立自己的服务品牌和服务能力，在厂家服务标准的基础上，扩大服务范围和服务项目，实现服务差异化（如运输公司服务就是一个很好的途径）。

2. 差异化的优势

（1）经营差异化产品容易为企业带来丰厚的利润。

（2）可以提高企业产品声望，提高企业产品的市场地位。

（3）有利于带动企业品牌提升，建立客户口碑，提升销量。

采用这一策略的企业一定要注意物有所值，要讲好差异化的理由和为客户带来的利益。

案例分享

打造差异化产品组合，引领新能源商用车市场

在国家政策要求加快新能源城市物流配送车辆应用及换电模式逐渐兴起等有利因素驱动下，2021年以来，我国新能源货车市场需求加速放量。2022年我国新能源商用车销量达31.6万辆，较上一年大幅上涨71.3%。

吉利商用车作为中国首个聚焦新能源汽车领域的商用车集团，夺得2022年新能源商用车行业年度冠军。2016年成立的吉利商用车与其他老牌商用车企业最大的区别在于，一开始就聚焦新能源，在绿色运力和绿色补能方面布局，有着成为商用车新势力的潜质。如今已有序完善重卡、轻卡、小微卡、LCV（轻型商用车）及客车五大产品线，并先后打造了绿色慧联、万物友好+阳光铭岛、醇氢科技三大平台，成为全国首个完成多能源布局、实现全系产品新能源化的商用车品牌。吉利商用车新能源产品组合如图4-1所示。

图4-1 吉利商用车新能源产品组合

三、配件产品的组合策略

配件产品按照通用化策略建立产品组合策略。

1. 组合的方法

（1）社会通用化配件产品组合：这种配件在不同品牌之间是通用的。这样的配件有标准件（包括紧固件、轮胎、轮辋等）、不同品牌之间都可以装配的总成（包括发动机总成、离合器总成、变速器总成、后桥总成等）。

（2）相同品牌、相同车辆类别下通用配件产品组合：这种配件在同品牌、同车辆类别下，所有产品线、所有产品的配件都通用。这样的产品有商标标识、驾驶室总成及其配件、电器系统及其配件等。

（3）相同品牌、相同车辆类别、相同产品线下通用配件产品组合：动力系统的进气总成、增压总成、冷却总成、排气总成，悬架系统等。

（4）相同品牌、相同车辆类别、相同产品线、相同产品下专用配件产品组合。

2. 组合的优势

（1）有利于增加维修项目：有了社会化配件，不论什么品牌的车辆都可以维修。

（2）有利于扩大销量。

（3）有利于扩大企业知名度。

4.1.3　商用车产品组合案例

一、一汽解放商用车产品组合

一汽解放汽车有限公司拥有中型车产品线、重型车产品线、轻型车产品线等三个产品线，产品划分为牵引、自卸载货、专用、新能源共五个品系，主要生产 JH6、J6F、V系列产品，一汽解放商用车品系如表 4-1 所示。

表 4-1　一汽解放商用车品系一览表

车辆类型＼驱动形式	8×2	4×2	6×2	6×4	8×4
牵引	—	牵引	—	牵引	—
自卸	—	—	—	自卸	
载货	—	载货		—	载货
专用	—	专用	—	专用	
新能源	—	新能源	—	新能源	

二、东风柳汽商用车产品组合

东风柳汽商用车主要生产"东风乘龙""东风霸龙""东风风行""东风龙卡"4个

品牌共 200 多个品种的重、中、轻型商用车和 MPV，其中商用车产品划分为牵引、载货、自卸、专用、轻卡新能源 5 个品系，如表 4-2 所示。

表 4-2　东风柳汽商用车品系一览表

驱动形式 车辆类型	8×2	4×2	6×2	6×4	8×4
轻卡新能源	—	轻卡		—	
专用	—	—		—	专用
载货		中型载货		重型载货	
自卸	—		中型自卸	重型自卸	
牵引	—		牵引		—

4.2　商用车推荐的基本方法

4.2.1　FABE 法则

"FABE"，其实是 4 个英文单词开头字母的组合，其中 F 是指特征（Feature），即产品的固有特征；A 是指作用（Advantage），即产品的这种特征有什么作用；B 是指益处（Benefit），即客户通过使用产品所得到的好处；E 是指证据（Evidence），即用事实给客户证明，其具有足够的可靠性、权威性、客观性和见证性。FABE 法则可以将所销售产品的特征转化为即将带给客户的某种利益，充分展示产品最能满足和吸引客户的那一方面。

一、产品本身的特征

产品的特征决定了产品的优点。每一样产品都有其特性，否则就没有存在的意义了，关键是你从哪个角度去发现它。

例如，材料、用途、品质等，是有形的，可以被看到、尝到、摸到或闻到。

销售人员必须对产品有足够的了解和认识，能深刻发掘自身产品的潜质，努力找到其他销售人员忽略的特征。在推荐产品的过程中，可以详细列出产品的基本特征，并针对客户群体的特征，列出具有优势的特点。

二、由产品本身特征产生的独特功能

产品的相关独特功能应该以产品本身特征为基础。

例如，所列出的产品特征究竟能发挥什么功能，与同类竞争产品相比，能够为使用者提供什么独特的好处等。

三、产品独特功能带给客户的利益点

不同的客户有不同的需求点。客户最关注的是产品所能带给他们的好处，也就是如果他们购买了该种产品可以获得哪些利益。

在产品介绍的过程中，销售人员需要将客户的需求与产品的独特功能联系起来，并且充分展示产品独特功能带给客户的利益。

益处就是能给客户带来价值或创造价值的部分，是将作用融合起来构成一个或者多个购买动机，即告诉客户如何满足他们的需求。它强调的是：通过购买我的产品，你能得到什么样的利益和好处。

利益又分为产品的利益和客户的利益。我们必须考虑产品的利益是否能真正带给客户利益。也就是说，要将产品的利益与客户所需要的利益有效地结合起来。实际上，这折射出的正是"客户导向"的现代营销理念，也暗合了购买的本质：我作为客户购买产品，是因为我有这方面的需求，所以一切都是以我自己的利益为中心的，至于你的产品，只是众多候选者之一，那么，你要让我选择你的产品，请给我一个理由，即你比别人好在哪里，如何更好地满足我的需要，从而让我放弃别人而选择你。

四、利益点的相关证据

销售人员还需要适时提供保证满足客户需求的证据，例如，样品、证明书、商品展示说明、视频等。

通过以上4个步骤，可以巧妙处理客户的顾虑，从而成功实现产品销售。在介绍产品时，应该实事求是，不要夸大，也不要攻击其他品牌来突出自己的产品优势；尽量用简单易懂或者生动的词语，逻辑清晰，语句通顺；避免使用汽车术语，以免客户不理解。

小 贴 士

FABE 法则介绍商用车

使用 FABE 法则介绍商用车如表4-3所示。

表4-3 使用 FABE 法则介绍商用车

特征	作用	益处	证据
金属漆	保护车身，预防锈蚀	耐候性好，不易锈蚀和褪色	光泽层次比普通漆更深
刹车片宽	更耐用，刹车效果更好	保障司乘人员和货物安全	测试中从60码降到0，刹车距离为15 m，比其他厂家少5 m
诗兰姆波纹管	密封性高不漏气	保证行车安全	高端卡车都使用

4.2.2 九点绕车介绍法

"九点绕车介绍法"是指商用车销售人员在向客户介绍汽车的过程中，销售人员围绕驾驶室的正前方、右前方、右后方，车辆右后方，车辆正后方，驾驶室左后方，车门左侧，驾驶室，驾驶室正前方九个方位展示商用车，如图4-2所示。

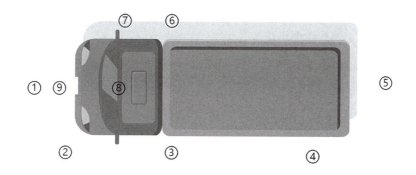

图4-2　九点绕车方位示意图

①-驾驶室正前方；②-驾驶室右前方；③-驾驶室右后方；④-车辆右后方；⑤-车辆正后方；

⑥-驾驶室左后方；⑦-车门左侧；⑧-驾驶室；⑨-驾驶室正前方

一、绕车准备

（1）着装要求：保持仪容仪表干净整洁，自然舒适。着工作装，胸牌佩戴正确，以可清晰辨认的字体为宜；

（2）物品准备：笔、计算器、产品资料夹，车况良好（外观）的展车一辆。

二、绕车介绍

1. 驾驶室正前方

（1）站在驾驶室正前方2.5~3.0 m处，销售人员在客户左手边；

（2）上身微微倾斜向客户，左手指向整车；

（3）整车概述，车辆款型、发动机、变速箱和后桥等的介绍。

2. 驾驶室右前方

（1）站在驾驶室右前方0.5~1.0 m处，销售人员在客户左手边；

（2）左手指向驾驶室轮廓，敲击A柱，摩擦车身；

（3）介绍驾驶室结构、涂装工艺。

3. 驾驶室右后方

（1）站在驾驶室右后方0.5~1.0 m处，销售人员在客户左手边；

（2）左手先后指向发动机、变速箱、车桥；

（3）介绍发动机的功率、扭矩和排量等，介绍变速箱的品牌、可靠性和质量等，介绍前后车桥的配置、性能和优势等。

4. 车辆右后方

（1）站在右后轮胎前 0.5～1.0 m 处，销售人员在客户左手边；

（2）左手指向油箱；

九点绕车介绍

（3）介绍油箱、底盘等模块化设计。

5. 车辆正后方

（1）站在车辆正后方，距车架 0.5～1.0 m 处，销售人员在客户左手边；

（2）左手指向车架；

（3）介绍车架的材质、工艺和抗变形能力等。

6. 驾驶室左后方

（1）站在驾驶室左后方 1～1.5 m 处，销售人员在客户左手边；

（2）左手先后指向储气筒、管路和蓄电池；

（3）介绍管线路的密封性，蓄电池的优点。

7. 车门左侧

（1）站在左车门一侧 0.5～1.0 m 处，销售人员在客户左手边；

（2）手压横梁位置，打开车门，请客户上车；

（3）介绍车门工艺和密封性，介绍座椅。

8. 驾驶室

（1）客户坐在主驾驶位，销售人员在副驾驶位；

（2）让客户体验空间大小、后视镜效果，引导客户观察方向盘；

（3）介绍驾驶室尺寸、后视镜特点、方向盘功能等。

9. 驾驶室正前方

（1）站在驾驶室正前方 0.5～1.0 m 处，销售人员在客户左手边；

（2）打开前面板让客户看到其中的集中式布置；

（3）介绍电器保险盒、膨胀水箱、雨刷电机、刹车总泵、离合油壶、油门拉索等，总结厂家的整车服务政策。

4.3　商用车的推荐

4.3.1　车辆的推荐

一、根据车货匹配推荐商用车

商用车的主要用途就是运输货物。因此，货物不同，货物的装卸方式、固定方式、管理方式就会不同，客户对车辆的需求也不同，因此必须按照货物来推荐车辆。

二、根据使用场景推荐车辆

相同的货物，由于载质量不同、使用场景不同或政府对车辆的管理要求不同，客户选择的车辆也就不同。比如在城市运输日用品，有些城市白天不允许总质量大于1.8 t（或载质量大于0.75 t）的车辆行驶，如果需要白天在这些城市运输，就要选择总质量小于1.8 t的微型货车。

三、根据政策、标准、法规推荐车辆

（1）利用政策：2018年12月25日，交通运输部办公厅发布《关于取消总质量4.5 t及以下货运车辆道路运输证和驾驶员从业资格证的通知》，规定"自2019年1月1日起，各地交通运输管理部门不再为总质量4.5 t及以下普通货运车辆配发道路运输证；对总质量4.5 t及以下普通货运车辆从事普通货物运输活动的，各地交通运输管理部门不得对该类车辆、驾驶员以'无证经营'和'未取得相应从业资格证件，驾驶道路客货运输车辆'为由实施行政处罚。"

（2）不同地区，都有不同的管理规定，推荐车辆一定要符合当地的管理要求，如限行规定、车辆参数规定等。

（3）一定要符合国家的产品标准。如 GB 1589—2016《汽车、挂车及汽车列车外廓尺寸、轴荷及质量限值》、GB 7258—2017《机动车运行安全技术条件》等标准。

（4）一定要关注相关知识，如车辆保险知识，不同的车辆性质和吨位，保费差距也较大。

4.3.2　货箱的推荐

一、自卸车货箱的推荐

自卸车包括通用自卸车和专用自卸车，在选择货箱时，使用同样的推荐方法。当货

箱长度超过 9 m 时，推荐侧翻结构。半挂牵引自卸车主要推荐以侧翻为主。由于前顶后翻自卸车为主力车型，本节主要介绍推荐前顶后翻车型的方法。

1. 货箱系统的构成

货箱系统主要由货箱、液压系统、货箱顶盖、加热装置等构成。

2. 推荐液压系统

（1）根据货箱和货物的总重量，推荐液压系统的举升能力。

（2）根据货物的静止安息角，推荐货箱的举升高度。部分货物运输自用车，推荐货箱液压系统如表4-4所示。

表4-4　货箱液压系统推荐表

货物名称	货物状态	货物的性质	密度/$(t \cdot m^{-3})$	运动安息角/(°)	静止安息角/(°)	推进液压系统与车型		
						举升角度/(°)	举升质量/（货箱质量+货物质量）	
							6×4 自卸车	4×2、8×4、半挂自卸车
水泥稳定土基层、水泥土	松方、干密度	流动性	1.75	35	45	≥46	≥75	≥90
水泥砂、沙砾、碎石、石屑、石渣、碎石土、沙砾土	松方、干密度	流动性	2.05～2.20	35	45	≥46	≥75	≥90
石灰稳定土基层、石灰土	松方、干密度	流动性	1.68	35	45	≥46	≥75	≥90
石灰砂砾土、碎石土、土沙砾、土碎石、稳定土基层	松方、干密度	流动性	2.05～2.15	35	45	≥46	≥75	≥90
石灰、粉煤灰稳定土基层、石灰粉煤灰	松方、干密度	流动性	1.17	35	45	≥46	≥75	≥90
石灰粉煤灰、沙砾、碎石	松方、干密度	流动性	1.92～1.95	35	45	≥46	≥75	≥90
石灰粉煤灰、煤矸石、矿渣、砂、土	松方、干密度	流动性	1.45～1.70	35	45	≥46	≥75	≥90

续表

货物名称	货物状态	货物的性质	密度/ (t·m⁻³)	运动安息角/(°)	静止安息角/(°)	推进液压系统与车型		
						举升角度/(°)	举升质量/（货箱质量+货物质量）	
							6×4 自卸车	4×2、8×4、半挂自卸车
石灰煤渣土、稳定土基层、石灰煤渣	松方、干密度	流动性	1.28～1.48	35	45	≥46	≥75	≥90
石灰、煤渣稳定土基层、石灰煤渣碎石、沙砾、碎石土、矿渣	松方、干密度	流动性	1.60～1.80	35	45	≥46	≥75	≥90
水泥石灰稳定沙砾、碎（砺）石	松方、干密度	流动性	2.10	35	45	≥46	≥75	≥90
粒料改善砂、黏土、土砂、砂土	松方、干密度	流动性	1.90～1.94	35	45	≥46	≥75	≥90
土	松方、干密度	流动性	1.7	35	45	≥46	≥75	≥90
级配砾石	松方、干密度	流动性	1.98～2.20	35	45	≥46	≥75	≥90
沥青混凝土	松方、干密度	流动性	2.37	35	45	48～52	≥75	≥90
黏土、土、砂土、砂、沙砾、天然砂砾、风化石	松方、干密度	流动性	1.25～1.30	35	45	48～52	≥75	≥90
碎石、石屑、碎石土、石渣、砾石、沙砾、沙砾土	松方、干密度	流动性	1.45～1.65	35	45	48～52	≥75	≥90

3. 货箱推荐容积

（1）货箱高度。

GB 1589—2016《汽车、挂车及汽车列车外廓尺寸、轴荷及质量限值》对货箱高度的限定：挂车及二轴货车的货箱栏板（含盖）高度不应超过 600 mm；二轴自卸车、三

轴及三轴以上货车的货箱栏板（含盖）高度不应超过 800 mm；三轴及三轴以上自卸车的货箱栏板（含盖）高度不应超过 1 500 mm。

（2）货箱宽度。

① 微型自卸车：1 600 mm、1 700 mm。

② 轻型自卸车：1 800 mm、2 000 mm、2 200 mm、2 400 mm。

③ 中型自卸车：2 000 mm、2 200 mm、2 400 mm、2 550 mm。

④ 重型自卸车：2 550 mm。

（3）计算货箱容积。

根据载质量及货物的密度确定货箱的容积，计算公式为货箱容积＝实际载质量/货物密度。一定要使用实际载质量计算容积，而不是公告载质量。

在具体的运输过程中，由于货物的形状、湿度、压实度不同，货物的密度也会不同。同一种货物，在不同的区域、不同的装卸方式下，其密度可能也不一样。

① 多种材料混合结构、按压实混合料干密度如表 4-5 所示。

表 4-5　多种材料混合结构、按压实混合料干密度

序号	货物名称	密度/(kg·m⁻³)	序号	货物名称	密度/(kg·m⁻³)
1	石灰、煤渣稳定土基层、石灰煤渣碎石	1 800	25	嵌锁级配型基、面层填隙碎石	1 980
2	石灰煤渣沙砾	1 800	26	泥结碎（砾）石	2 150
3	石灰煤渣矿渣	1 600	27	磨耗层砂土	1 900
4	石灰煤渣碎石土	1 800	28	级配沙砾	2 200
5	水泥石灰稳定沙砾	2 100	29	煤渣	1 600
6	碎（砾）石	2 100	30	粗粒式沥青碎石	2 280
7	土	1 700	31	中粒式	2 270
8	土砂	1 940	32	细粒式	2 260
9	粒料改善砂、黏土	1 900	33	粗粒式沥青混凝土	2 370
10	砾石	2 100	34	中粒式	2 360
11	嵌锁级配型基、面层级配碎石	2 200	35	细粒式	2 350
12	级配砾石	2 200	36	砂粒式	2 350
13	水泥稳定土基层水泥土	1 750	37	石灰稳定土基层、石灰碎石土	2 100
14	水泥砂	2 050	38	石灰土沙砾	2 150
15	水泥砂砾	2 200	39	石灰土碎石	2 100

续表

序号	货物名称	密度/(kg·m⁻³)	序号	货物名称	密度/(kg·m⁻³)
16	水泥碎石	2 100	40	石灰、粉煤灰稳定土基层、石灰粉煤灰	1 170
17	水泥石屑	2 080	41	石灰粉煤灰土	1 450
18	水泥石渣	2 100	42	石灰粉煤灰砂	1 650
19	水泥碎石土	2 150	43	石灰粉煤灰沙砾	1 950
20	水泥沙砾土	2 200	44	石灰粉煤灰碎石	1 920
21	石灰稳定土基层、石灰土	1 680	45	石灰粉煤灰矿渣	1 650
22	石灰沙砾	2 100	46	石灰粉煤灰煤矸石	1 700
23	石灰碎石	2 050	47	石灰煤渣稳定土基层、石灰煤渣	1 280
24	石灰沙砾土	2 150	48	石灰煤渣土	1 480

② 各种路面材料松方干密度如表4-6所示。

表4-6　各种路面材料松方干密度

序号	货物名称	密度/(kg·m⁻³)	序号	货物名称	密度/(kg·m⁻³)
1	粉煤灰	750	8	石屑	1 450
2	煤渣	800	9	碎石土	1 500
3	土	1 150	10	石渣	1 500
4	矿渣	1 400	11	砂砾	1 600
5	煤矸石	1 400	12	沙砾土	1 650
6	砂	1 430	13	黏土	1 250
7	碎石	1 450	14	石粉	1 400

③ 单一材料结构按压实系数计算密度如表4-7所示。

表4-7　单一材料结构按压实系数计算密度

序号	货物名称	密度/(kg·m⁻³)	序号	货物名称	密度/(kg·m⁻³)
1	砂	1 250	5	沙砾	1 250
2	砂土	1 250	6	煤渣	1 650
3	风化石	1 300	7	天然沙砾	1 300
4	矿渣	1 300			

④ 其他不同材料的密度如表4-8~表4-12所示。

表4-8　各种木材的密度

序号	货物名称	密度/(kg·m⁻³)	序号	货物名称	密度/(kg·m⁻³)
1	华山松	455	13	柏木	600
2	红松	440	14	水曲柳	686
3	马尾松	533	15	大叶榆（榆木）	584
4	云南松	588	16	白桦	607
5	红皮云杉	417	17	楠木	610
6	兴安落叶松	625	18	柞栎（柞木）	766
7	长白落叶松	594	19	软木	100~400
8	四川红杉	452	20	香樟	580
9	臭冷杉	384	21	泡桐	283
10	铁杉	500	22	胶合板	560
11	杉木	376	23	刨花板	400
12	竹材	900			

表4-9　不同种类锌、镁的密度

序号	货物名称	密度/(kg·m⁻³)	序号	货物名称	密度/(kg·m⁻³)
1	工业纯镁	1 740	4	铸锌	6 860
2	变形镁	1 760	5	铸造锌铝合金	6 900
3	铸镁	1 800	6	锌板、锌阳极板	7 150

表4-10　不同种类铁矿石的密度

序号	货物名称	密度/(kg·m⁻³)	序号	货物名称	密度/(kg·m⁻³)
1	磁铁矿	5 150	4	菱铁矿	3 800
2	赤铁矿	5 260	5	铁的硅酸盐矿	3 800
3	褐铁矿	3 600~4 000	6	硫化铁矿	4 950~5 100

表4-11　不同种类煤的密度

序号	货物名称	密度/(kg·m⁻³)	序号	货物名称	密度/(kg·m⁻³)
1	煤	1 200~1 900	4	干块泥煤	330~400
2	细煤粒	750~1 000	5	新制煤粉	450~500
3	干无烟煤	800~950	6	沉积煤粉	800~900

表4-12 其他材料的密度

序号	货物名称	密度/(kg·m⁻³)	序号	货物名称	密度/(kg·m⁻³)
1	石墨	1 900~2 100	13	陶瓷	2 300~2 450
2	熟石灰	1 200	14	泡沫塑料	200
3	生石灰	1 100	15	水泥	1 200
4	大理石	2 600~2 700	16	汽油	750
5	花岗岩、铸石	2 600~3 000	17	柴油	860
6	石灰石	2 600~2 800	18	酒精	790
7	金刚石	3 500~3 600	19	水银	1 360
8	皮革	400~1 200	20		

4. 计算货箱的长度

根据货箱容积、货箱宽度、货箱高度，计算货箱长度。计算公式为：货箱长度＝货箱容积/（高度×宽度）。

5. 推荐货箱形式、货箱材料、附加装置

（1）推荐U型货箱。根据货物的形状、机械装货下对货箱的冲击，推荐（选择）货箱的形式。由于U型货箱的抗冲击性、抗变形力、卸货（干净）能力好，故推荐U型货箱。

（2）推荐高强度钢，即屈服强度≥1 200 MPa的汽车用钢板。

（3）推荐内部防冲击结构。如果运输材料成块状，且在装、卸、运过程中对货箱造成冲击，应在内部增加防冲击角钢或其他防冲击结构。

（4）推荐内衬板结构。如果运输的货物黏度较大，造成卸货困难，应将货箱前挡板进行倾斜设计。不进行倾斜设计时，应在货箱内部增加防粘连的内衬板。

（5）推荐加热装置。在冬季运输湿度较大的材料（特别是带水的），会出现结冰现象，从而影响卸货。建议增加货箱加热装置（底板加热或底板+边板加热）或防粘连内衬板，以防止粘连。

（6）推荐集水装置。运输带水的材料（泥、泥浆、湿砂等）时，会有水从后门渗出。为防止渗水洒落地面，影响市容，货箱应增加集水装置或采用封闭后门结构。

（7）推荐铝合金外板+内衬板结构。如铝合金板的货箱厚度是底板6 mm，边板3 mm；铝合金横梁的尺寸是100 mm×60 mm，厚度是3 mm；塑性板的厚度是10~12 mm。这种结构非常轻，为降低自卸车的整备质量提供了借鉴。

6. 推荐货箱厚度

采用屈服强度为1 200 MPa的高强度钢板制作货箱，其强度是屈服强度为510 MPa的钢板的2倍以上。因此原先用10 mm厚度的钢板做底板，采用1 200 MPa的高强度钢

板后，4 mm 厚度就足够了，同理原 8 mm 厚度边板可做到 3 mm，推荐边梁、立柱的厚度不低于 2 mm。

7. 推荐货箱的其他配置

货箱的其他配置包括立柱、横梁、纵梁、前挡板（前门）、后门、上盖等。

以运输没有冲击（或冲击较小）的货物的货箱为标准：

（1）当运输密度较大的货物（如铁粉等）时，由于制动、路面颠簸等行程的冲击力较大，货箱的立柱、横梁、纵梁、前挡板（前门）、后门需要加强。

（2）当运输密度较大、体积较大的货物（如石块、建筑混凝土垃圾块、开采的铁矿石等）时，装货、运输、卸货对货箱的冲击都较大。因此货箱的立柱、横梁、纵梁、前挡板（前门）、后门需要加强。

（3）当运输有可能飘散的货物（如建筑垃圾、生活垃圾、渣土、砂石等）时，货箱应增加上盖装置。

（4）当运输有可能怕风、怕雨的货物（如建筑垃圾、生活垃圾、渣土、砂石等）时，货箱应增加上盖装置。

二、仓栅式货箱的推荐

1. 推荐货箱容积和尺寸

（1）货物无包装的仓栅式货箱容积和尺寸。

没有包装的散货运输，要根据实际载质量的要求和货物的密度来确定货箱的容积及尺寸。方法参考自卸车部分内容。

① 微型仓栅式货箱高度：1 500~1700 mm（栏板高度 600 mm）。

② 轻型仓栅式货箱高度：1 800~2400 mm（栏板高度 600 mm）。

③ 中型仓栅式货箱高度：2 500~3 000 mm（栏板高度 600 mm）。

④ 重型仓栅式货箱高度：2 600~3 000 mm（栏板高度 800 mm）。

⑤ 半挂车货箱高度：2 600~3 000 mm（栏板高度 600 mm）。

一个车辆公告下的货箱尺寸，允许有多个货箱高度、宽度、长度，以适应不同货物的需求；货箱的高度取决于底盘的高度，整车高度不超过 4 m 时，底盘的高度越低，货箱的高度越高；微型、轻型货车的整体高度一般达不到 4 m，主要是考虑整车协调性、风阻、重心高度以及行驶稳定性。

（2）货物有包装的仓栅式货箱容积和尺寸。

有包装的货物，按照载质量、包装箱尺寸、货物密度来设计货箱的容积，初步计算：载质量/货物密度（含包装箱）＝货箱容积（不能超载）。

① 确定货箱宽度。

a. 微型仓栅式货箱宽度：1 600 mm、1 700 mm。

b. 轻型仓栅式货箱宽度：1 800 mm、2 000 mm、2 200 mm、2 400 mm、2 550 mm。

c. 中型仓栅式货箱宽度：2 200 mm、2 400 mm、2 550 mm。

d. 重型仓栅式（半挂车）货箱宽度：2 550 mm。

② 根据货物包装箱的宽度进行调整。

货箱设计宽度/货箱包装箱宽度＝整数。不是整数时，调整货箱宽度至整数。按照货物包装箱宽度的整数倍确定货箱的宽度，且要保证在公告宽度的范围内。需要注意的是，要预留合理的间隙，避免包装箱装卸困难。

③ 确定货箱高度：与货箱无包装的仓栅式货箱高度相同。

a. 货箱设计高度/货物包装箱高度＝整数。（不是整数时，调整货箱高度至整数）。

b. 按照货物包装箱高度的整数倍数确定货箱高度，且要保证在公告高度的范围内。

④ 确定货箱长度。

a. 根据货箱的容积、高度、宽度初步确定货箱的长度：货箱长度＝容积/（高度×宽度）。

b. 根据货物包装箱的长度进行调整：货箱的计算长度/包装箱长度＝整数，即为合适。否则调整为整数（在公告长度的范围内），即包装箱长度×（计算调整后的）整数＝货箱长度。

⑤ 确定货箱的尺寸：长度、宽度、高度、容积。货箱的尺寸首先利用公告尺寸进行选择、调整；其次利用货箱的厚度进行调整；如果都不合适，就要上新公告。

2. 推荐仓栅式货箱结构形式

仓栅式货箱有多种结构，应根据客户运输要求进行推荐。根据装卸方式不同，有顶部开启式、后开门式、边（多）开门式结构。

（1）吊车装卸：推荐后开门、顶部开启式；

（2）机械装卸：推荐多开门式；

（3）人工装卸：既可以推荐后开门式，也可以推荐多开门式。

3. 推荐边开门的宽度

（1）大于机械装卸的最小宽度。机械装卸时，开门的宽度一定要大于料斗或叉车的最小装卸货宽度。例如，运煤装载机卸货：5 t 装料机的料斗最小宽度为 3 m，其开门宽度一定要大于 3 m。

（2）大于货物的最小宽度。

4. 推荐货物固定方式与固定结构

（1）客户确定货物的固定方式。

① 货箱直接固定货物：货物有包装或形状规则，尺寸一定，用货箱的前门、边板、后门和顶盖就能有效地固定货物。

② 货物装在集装箱中，货箱固定集装箱。

③ 货物装在托盘上，货箱固定托盘。

④ 货物不规则，需要单独固定。

（2）确定货物固定结构。

① 货箱固定货物时的结构：要求货箱立柱、边梁相对加强。

② 货箱固定集装箱时的结构：一种方法是与货箱固定货物时相同；还有一种是将集装箱固定在货箱的底板上，集装箱的结构和铁路或船运集装箱相同。

③ 固定托盘时的结构：把托盘固定在货箱的底板上。

④ 多货物运输、不规则货物运输的固定：

a. 将货物固定在货箱底板上。

b. 用固定网进行固定：固定网固定货物，货箱拉紧固定网。

c. 用横杆、竖杆对货物进行固定。

5. 推荐货箱能够实现的其他功能

（1）货箱门具有防盗功能；

（2）整车具有电子围栏功能；

（3）货箱用篷布的固定方式：人工固定、机械固定、液压固定、电动固定等。

6. 牲畜、家禽运输仓栅车

由于运输的货物在路上需要吃喝拉撒，所以车辆应具备分层运输功能、有动物喝水、吃食的功能，收集、冲洗动物粪便的功能等；必要时要有让动物走上车的功能，防止动物跑出来的功能，防止拥挤的功能；有利于让动物保持安静、免受惊吓、接受运输的功能。

三、厢式车货箱的推荐

1. 厢式车的分类

按照功能分类，可分为运输用厢式车和作业用厢式车（如电视转播车、广告车、流动商贩车等）。

按照结构分类，可分为普通货物运输厢式车、专用厢式车（如冷藏车、保鲜车、翼开厢式车等）。

按是否带装卸尾板分类，可分为有装卸功能的厢式车和没有装卸功能的厢式车。

在此主要介绍普通货物运输厢式车货箱的推荐方法。

2. 推荐货箱容积和尺寸

同仓栅车一样。

3. 推荐（选择）货箱结构（开门）形式

（1）根据需要运输的货物对货箱的要求推荐（选择）货箱结构。

① 运输过程中需要货箱封闭时，推荐（选择）少开门结构。

② 运输过程中不需要货箱封闭时，推荐（选择）多开门结构。

③ 运输过程中不需要货箱封闭时，可以推荐（选择）篷布式结构，减轻整备质量。

（2）根据装卸方式推荐（选择）货箱结构。

① 吊车装卸：推荐（选择）顶部开启+后开门结构。

② 机械装卸：推荐（选择）后开门结构（微型货车）、三开门结构（轻型货车）、多开门结构（重型货车、中型货车）。其中翼开厢结构最佳。

③ 人工装卸：推荐（选择）后开门+后尾板结构。

4. 推荐（选择）箱板结构

（1）单层结构：只要求有防雨、防风、防盗的基本功能时选用。

（2）双层结构：货物需要货箱固定及保鲜时，如保鲜车、鸡蛋运输车等。

（3）带保温层的双层结构：货箱需要保温时，如冷藏车等。通常推荐"三明治"结构或全封闭聚氨酯板块结构厢体。

5. 推荐（选择）箱板材料

（1）外面板。

① 铝合金箱板：美观、整备质量轻、基本不用维护。

② 不锈钢板：美观、基本不用维护。

③ 镀锌瓦楞钢板：价格相对较低。

④ 瓦楞钢板：价格低。

（2）内面板。

客户可根据需要自行选择铝合金箱板、木（五合）板、镀锌板以及不锈钢板等。

6. 推荐货物的固定方式

厢式车运输货物的固定方式多以货箱固定为主，因此选择货箱的宽度、高度、长度十分重要。当使用其他固定方式时，其推荐（选择）方式同仓栅车。

4.3.3　底盘和牵引车配置的推荐方法

1. 车辆公告的推荐

（1）在城市中行驶，推荐专用车：运输城市建设用材料（如搅拌车）、建筑垃圾（如智能渣土车）、生活垃圾（如垃圾车）等。

（2）行驶的主要道路是公路，推荐自卸车。

（3）主要在矿山、厂区内行驶，推荐专用运输机械。

2. 前、后桥及悬架的推荐

（1）"重载上坡"时推荐车辆。

这种车辆一般是短途运输，重载上坡时，车辆重心后移，致使前桥受力小，后桥受力大，后桥板簧和后桥易损坏，严重时会导致转向失灵。通常需要车辆重心前移，同时后悬缩短，加强车辆后桥和后悬。

（2）"重载下坡"时推荐车辆。

这种车辆一般是短途运输，重载下坡时，车辆重心前移，致使前桥受力大，后桥受力小，前桥板簧和前桥易损坏，严重时会导致转向沉重。通常需要车辆重心后移，同时后悬加长，强化车辆前桥、前悬和转向系统。

（3）正常道路行驶下推荐前、后桥。

自卸车运输的货物季节性较强，不同的季节可能需要运输不同的货物。不同的货物密度相差较大，当都装满货箱时，密度大的货物就可能会造成车辆超载，因此提醒客户不可超载，避免车辆故障增加、安全性降低。不同前桥和后桥的最大允许承载如表4-13、表4-14所示。

表4-13　不同前桥的最大允许承载

序号	型号	形式	标准承载/t	断面/（mm×mm）	制动器规格/（mm×mm）	最大承载/t
1	5 t 前桥	整体锻造	5	90×104	φ400×130	8
2	6.5 t 前桥	整体锻造	6	95×110	φ400×150	8
3	7.5 t 前桥	整体锻造	7.5	90×120	φ400×160	11
4	9 t 前桥	整体锻造	9	94×120	φ420×189	14

表4-14　不同后桥的最大允许承载

型号	形式	标准承载/t	断面/（mm×mm×mm）	扭矩容量/（N·m）	从动齿直径/mm	制动器规格/（mm×mm）	主要传动比参数	最大允许承载/t
153 单桥	冲焊单级	10	158×158×14	30 000	435	φ410×180	6.166/5.571 /4.875/4.44	18
153 双桥		10×2	158×158×16	30 000×2		φ410×180		36
457 单桥	冲焊单级	11.5	150×160×16	40 000	457	φ400×200	6.33/5.833 /5.286/4.875 /4.44	20
457 双桥		11.5×2		40 000×2		φ400×200 φ410×220		40
485 单桥	冲焊单级	13	160×160×16	55 000	485	φ410×220	5.286/4.625 /4.111/3.7	22
485 双桥		13×2		55 000×2				44
斯太尔单桥	冲焊	13	130×130×16 130×150×16	80 000	300	φ420×185	6.72/5.73 /4.8/4.38	20
斯太尔双桥	双级	13×2	130×150×16	80 000×2		φ420×200		40

型号	形式	标准承载/t	断面/(mm×mm×mm)	扭矩容量/(N·m)	从动齿直径/mm	制动器规格/(mm×mm)	主要传动比参数	最大允许承载/t
斯太尔单桥	冲焊双级加强型	13	130×130×20 130×150×20	80000	300	φ420×185 φ420×200	6.72/5.73 /4.8/4.38	22
斯太尔双桥		13×2	130×150×20	80 000×2				44
斯太尔单桥	铸钢双级	13	150×170×20	80 000	300	φ420×185 φ420×200	6.72/5.73 /4.8/4.38	25
斯太尔双桥		13×2	150×170×20	80 000×2				50
奔驰单桥	铸铁双级	13	—	80 000	—	—	6.73/5.92 /5.26/4/64	25
奔驰双桥		13×2		80 000×2				50

4.3.4　动力和后桥传动比的推荐

比功率是衡量汽车动力性能的一个综合指标，具体是指汽车发动机最大功率与汽车总质量之比。一般来讲，对于同类汽车而言，比功率越大，汽车的动力性越好。

JT/TT1178《营运火车安全技术条件》规定：载货汽车（电动汽车除外）的比功率应大于或等于 6 kW/t，即推荐车辆动力≥实际车辆总质量×6×1.36。例如车辆实际总质量是 49 t，则车辆最小马力即为 400 马力。

同时还需综合考虑不同载重、地形、道路下，推荐发动机动力与后桥传动比，如表 4-15 所示。

表 4-15　发动机动力和后桥传动比推荐

配置	标准工况	非道路专用运输机械载重变化增加		地形变化增加			道路增加		备注
		超载增加	重载增加	丘陵增加	山区增加	高原增加	高速公路增加	乡道/无道路增加	
发动机动力	车辆在平原、国道/省道、70 km 速度行驶，建议按照 1 000 kg 总质量/6 kW（8 马力）为标准	1 000 kg 总质量/1 kW（1.36 马力）	1 000 kg 总质量/2 kW（2.7 马力）	1 000 kg 总质量/1 kW（1.36 马力）	1 000 kg 总质量/2 kW（2.7 马力）	1 000 kg 总质量/1 kW（1.36 马力）	1 000 kg 总质量/1 kW（1.36 马力）	—	后桥传动比不变时
后桥传动比	在动力不变的情况下（标准传动比设定为 4）	1	2	1	2	0	0	1	动力不变时

注：① 在推荐车辆配置时，动力和后桥传动比成反比。也就是说，总质量不变时，动力越大，后桥传动比就可以越小，车速就越快。

② 非道路专用运输机械，在总质量一定时，动力不变，重载、超载时，就只能降低速度，或者说加大后桥转动比。

③ 以标准工况的配置为标准，后桥传动比不变，速度不变，动力的增加是叠加的。即设定条件为极限（超载+山区+高原+高速公路），动力就要增加 6 kW（2+2+1+1）。每 1 000 kg 总质量需要 12 kW 的动力。

④ 反之，非道路运输机械，如果不是超载、山区、高原，动力也达到了每 1 000 kg 总质量需要 12 kW，就可以减小后桥传动比，提高速度。

⑤ 在动力不变的情况下，传动比的增加也是叠加的，即设定条件为极限：超载+山区+无道路，传动比就要增加：2+2+1=5，即传动比就要到 9，后桥传动比没到 9 的，就要增加动力。

⑥ 超载：非道路专用运输机械，实际载质量大于标定总质量，小于车+货物总质量的 30%。

⑦ 重载：非道路运输机械，车+货物的总质量大于标定总质量 30% 以上，即是重载。

⑧ 高原：海拔大于 2 000 m 以上为高原。如果在青藏高原运输，建议增加 2 kW/1 000 kg。

⑨ 公路运输型、城市专用型自卸车不允许超载。

 任务实施

商用车产品
推介学习视频

要了解商用车产品组合相关知识，正确地认知经销商的产品组合策略，熟练地使用 FABE 介绍法和九点绕车介绍法，根据客户需求精准地推荐适合客户的车辆，建议采用以下学习方法：

1. 小组训练

采用角色扮演法训练，熟练地使用 FABE 介绍法和九点绕车介绍法，介绍商用车卖点并推荐车辆。

2. 手册学习

观察并收集商用车相关信息，填写商用车推荐介绍作业表，如表 4-16 所示，练习车辆推荐。

表 4-16 商用车推荐介绍作业表

姓名		班级		学号	
组别				日期	

（一）标注九点绕车位置

（二）填写九点绕车介绍讲解表

顺序	讲解部件	站位（客户）	销售人员动作	讲解内容	价值
第一点					
第二点					
第三点					
第四点					
第五点					
第六点					
第七点					
第八点					
第九点					

（三）FABE 介绍法运用

	特征（Feature）	
车辆卖点一	作用（Advantage）	
	益处（Benefit）	
	证据（Evidence）	
	特征（Feature）	
车辆卖点二	作用（Advantage）	
	益处（Benefit）	
	证据（Evidence）	
	特征（Feature）	
车辆卖点三	作用（Advantage）	
	益处（Benefit）	
	证据（Evidence）	

续表

（四）车辆整体推介			
推介车型		客户关注点	
车型总体介绍		车辆卖点一	
车辆卖点二		车辆卖点三	
购买价值		服务政策	

任务评价

各学习小组针对小组训练与手册完成情况进行展示与互相评价，填写表4-17。

表4-17 商用车推荐介绍评分表

序号	评价项目	评价指标	标准分	自评	互评	师评	合计
1	职业素养（20%）	认真制订计划，执行力强	4				
		能够进行团队协作，有责任意识	4				
		擅于沟通表达，相互分享	4				
		遵守行业规范，现场7S管理	4				
		会收集信息，解决问题	4				
2	专业能力（70%）	能正确使用九点绕车介绍法	15				
		能正确选择卖点并介绍	20				
		能正确使用FABE介绍法	15				
		能正确进行车辆整体推荐	20				
3	创新意识（10%）	具备创新性思维与行动	10				

任务测试

一、填空题

1. 产品一般可以分为五个层次，即_____、_____、_____、_____和_____。

2. 车辆产品的完善组合策略就是经销商按照_____需求，以开拓产品组合广度和加强产品组合深度的方法，将现有的产品组合不断进行完善。

3. _____是指一群相关的产品，这类产品可能功能相似，销售给同一顾客群，经过相同的销售途径，或者在同一价格范围内。

4. 当自卸车的货箱长度超过_____m时，推荐侧翻结构。

5. 一般来讲，对于同类汽车而言，比功率越大，汽车的_____越好。

二、选择题

1. 一般来说，以下属于车辆营销产品线的是（　　　　）。

A. 栏板货车产品线　　　　　　　　B. 服务产品线

C. 交强险产品线　　　　　　　　　D. 事故车维修产品线

2. 车辆产品的差异化策略是指将原产品线内的产品进行（　　　　）的差异化设计，实现产品的品牌化、专业化、高档化。

A. 功能　　　　　B. 性能　　　　　C. 配置　　　　D. 服务

3. 相同的货物，不同的客户在选择车辆时依据（　　　　）。

A. 载质量　　　　B. 使用场景　　　C. 法律法规　　　D. 驾驶习惯

4. 牲畜、家禽的运输一般用（　　　　）。

A. 厢式车　　　　B. 仓栅车　　　　C. 自卸车　　　　D. 专用自卸车

5. 按照结构分类，厢式车可分为普通货物运输厢式车、专用厢式车，以下属于专用厢式车的是（　　　　）。

A. 冷藏车　　　　B. 保鲜车　　　　C. 翼开厢式车　　D. 混凝土搅拌车

6. 在进行具体的运输过程中，货物的密度会因（　　　　）改变。

A. 形状　　　　　B. 湿度　　　　　C. 温度　　　　D. 压实度

三、判断题

1. 在介绍产品时，可以适当地攻击竞品来突出自己的产品优势。　　　（　　　）

2. 在推荐产品的过程中，可以详细列出产品的基本特征，并针对客户群体的特征，列出具有优势的特点。　　　（　　　）

3. 重载上坡时，车辆重心后移，致使前桥受力小，后桥受力大，后桥板簧和后桥易损坏，严重时会导致转向失灵。　　　（　　　）

4. 一般来说，总质量不变时，动力越大，后桥传动比就可以越大，车速就越快。

（　　　）

四、问答题

1. 简述 FABE 介绍法的优势。

2. 简述商用车产品组合策略给经销商的利益。

商用车营销衍生业务

任务导入

汽车衍生服务是指由汽车演变而产生的围绕汽车主题服务而服务的项目。整合多方优势资源，为企业和个人客户提供集优惠购车、汽车租赁、金融产品于一体的创新定制租赁服务，依托集团汽车贸易服务全产业链条的资源优势，为客户提供准新车、二手车的销售和定制服务。

随着商用车市场规模的不断扩大，商用车衍生服务行业发展重点开始从前端销售向后端服务领域转移，其中具体包含：商用车金融、商用车保险、商用车维修、商用车养护、商用车配件、商用车租赁、二手商用车鉴定与评估等细分领域。本任务重点介绍商用车金融、商用车保险和二手商用车鉴定与评估等内容，让商用车销售人员掌握衍生服务产品推荐的技能。

任务描述

张先生从事零担物流运输工作，货车挂靠在国内知名物流公司，平时自己开车。该货车用了快4年，现在需要换新车。张先生基本确定了新购车型，作为商用车销售人员，你在为张先生做营销方案的时候，要向他推荐什么衍生服务呢？

任务目标

知识目标

1. 了解商用车衍生服务的组成。

2. 掌握商用车金融方案的制定方法。

3. 掌握商用车保险方案的制定方法。

4. 掌握二手商用车鉴定与评估的方法。

技能目标

1. 能正确推荐金融方案。

2. 能正确推荐保险方案。

3. 能正确进行二手商用车鉴定与评估。

4. 能处理客户其他衍生服务需求。

素养目标

1. 保持良好的职业道德和严谨的学习作风。

2. 能够运用法治思维和法治方法解决问题。

3. 养成创新思维，坚持守正创新。

4. 能与团队成员保持良好的合作与沟通。

 任务相关信息

5.1　商用车保险服务

机动车辆保险，简称车险，是指对机动车辆由于自然灾害或意外事故所造成的人身伤亡或财产损失负赔偿责任的一种商业保险。机动车辆保险是财产保险的一种，伴随着汽车的出现和普及而不断发展成熟。

随着我国保险行业稳步发展，财产保险行业也得以快速发展，机动车保险已成为中国财险业第一大业务。2022年，中国机动车辆保险保费收入超过8 000亿元，实现承保利润218.63亿元，同比增长5.62%。其中，机动车交通事故责任强制保险承保机动车数量3.37亿辆，保费收入2 465亿元。

5.1.1　机动车辆保险概述

一、保险概述

保险是指一种金融服务，保险公司向客户提供一定的保障，以换取客户支付的保险费。在保险合同中，保险公司承诺在客户发生意外损失时，按照合同约定给予一定的赔偿。

保险的本质是通过共享风险来保障个人和企业的利益。当一个人购买保险时，他向保险公司支付一定的保费，作为一种共享风险的方式，以便在遭受意外损失时得到保障。如果保险客户没有遭受任何意外损失，那么他所支付的保费将被保险公司用于支付其他客户的赔偿。

二、机动车辆保险

机动车辆保险与其他财产保险一样是经济发展的产物，是伴随机动车辆的出现和普及而产生和发展起来的一种综合性保险。1898 年，美国的旅行者保险有限公司给纽约布法罗的杜鲁门马丁上了世界上第一份汽车保险。20 世纪 50 年代以来，随着欧、美、日等地区和国家汽车制造业的迅速扩张，机动车辆保险也得到了广泛的发展，并成为各国财产保险中最重要的业务险种。到 20 世纪 70 年代末期，汽车保险已占整个财产险的 50% 以上。在欧美等保险发达国家，由于对汽车的保险早于其他机动车辆，所以直至今日仍习惯性地把机动车辆的保险称为汽车保险。

1950 年，创建不久的中国人民保险公司就开办了汽车保险。1983 年，交通管理部门对机动车辆的名称、范围进行了规范。考虑到我国开办的机动车辆保险的承保对象不仅包含汽车，还包括摩托车、拖拉机、专用机械车等机动车辆，为适应形势发展和准确定义该险种的承保范围，于 1983 年 10 月将汽车保险更名为机动车辆保险。从此之后，机动车辆保险在中国保险市场，尤其在财产保险市场中始终发挥着重要的作用。到 1988 年，汽车保险的保费收入超过了 20 亿元，占财产保险份额的 37.6%，第一次超过了企业财产险（35.99%），成为财产保险的第一大险种，并保持高增长率，中国的汽车保险业务进入了高速发展时期。

机动车辆保险具有以下特点：

1. 出险率高，业务量大

机动车辆在陆地上行驶，载着人或者货物从一个地方到另一个地方，很容易出现交通事故，造成人员伤亡或财产损失。一些国家和地区由于机动车保有量过大、交通设施落后、道路管理水平低、驾驶员技能水平参差不齐和人员过失等因素，交通事故频发，出险率高。汽车所有人为了转嫁风险，纷纷购买保险，而保险公司为了适应投保人的需求，推出了不同险种和保险组合。

2. 扩大可保利益

针对汽车所有人和使用人不同的特点，保险公司一般规定：只要是经被保险人允许的合格驾驶人员使用已保险的机动车辆，如果发生保险合同中约定的保险事故并造成第三者的财产损失或人身伤亡的，保险人均负赔偿责任。保险人在承担这项责任时，条件只是要求：驾驶员是合格的驾驶员且驾驶已保险的机动车辆得到了被保险人的同意，而不要求其对机动车辆拥有所有权、占有权或管理权等。这实际上是对保险合同中可保利益的一种扩大，同时也是保险责任的放大。

3. 无赔款优待

无赔款优待是机动车辆保险特有的制度，其核心是为了解决在风险不均匀分布的情况下，使保险费直接与实际损失相联系。

为了鼓励被保险人及其驾驶人员严格遵守交通规则安全行车，各国的机动车辆保险业务中均采用"无赔款优待"制度。

5.1.2　机动车交通事故责任强制保险

机动车交通事故责任强制保险（Compulsory Insurance for Vehicle Traffic Accident Liability）是由保险公司对被保险机动车发生道路交通事故造成受害人的人身伤亡、财产损失，在责任限额内予以赔偿的强制性责任保险。该保险根据《中华人民共和国道路交通安全法》《中华人民共和国保险法》制定，是中国第一个由国家法律规定实行的强制保险制度，保费由国家统一规定。

一、保险标的

机动车交通事故责任强制保险的保险标的是保险车辆因意外事故致使他人遭受人身伤亡或财产的直接损失依法应负的赔偿责任。

二、投保要求

（1）交强险的投保具有强制性。

（2）投保人应当一次支付全部保险费。《机动车交通事故强制保险条例》第十二条规定："签订机动车交通事故责任强制保险合同时，投保人应当一次支付全部保险费……"，因此不允许有例外情况如分期付款等发生。

（3）投保人必须履行如实告知义务，否则保险公司可以解除交强险合同。

（4）被保险机动车所有权转移的，应当办理交强险合同变更手续。

（5）交强险合同期满，投保人应当及时续保，并提供上一年度的保险单。

（6）投保人可以在以下几种情况发生时投保短期交强险：境外的车辆临时进入我国境内，并且不会在我国境内长时间停留的；机动车临时上道路行驶的，可以选择以月为期限购买交强险；机动车距规定的报废期限不足1年的，可以购买短期的交强险；法律法规上规定的其他情形。

三、保险责任

保险责任的成立应满足以下条件：

（1）被保险人在中华人民共和国境内使用被保险机动车；

（2）发生交通事故；

（3）造成受害人的人身、财产损害；

（4）依法应当由被保险人承担的损害赔偿责任。

在被保险车辆发生交通事故并造成受害人的人身伤亡、财产损失后，交强险在责任限额内予以赔偿，赔偿限额如表5-1所示。

表5-1　机动车交通事故责任强制保险责任限额

机动车在道路交通事故中有责任的赔偿限额		机动车在道路交通事故中无责任的赔偿限额	
死亡伤残赔偿限额	180 000 元	死亡伤残赔偿限额	18 000 元
医疗费用赔偿限额	18 000 元	医疗费用赔偿限额	1 800 元
财产损失赔偿限额	2 000 元	财产损失赔偿限额	100 元

死亡伤残赔偿限额：被保险机动车发生交通事故，保险人对每次保险事故所有受害人的死亡伤残费用所承担的最高赔偿金额。死亡伤残费用包括丧葬费、死亡补偿费、受害人亲属办理丧葬事宜支出的交通费用、残疾赔偿金、残疾辅助器具费、护理费、康复费、交通费、被抚养人生活费、住宿费、误工费，被保险人依照法院判决或者调解承担的精神损害抚慰金。

医疗费用赔偿限额：被保险机动车发生交通事故，保险人对每次保险事故所有受害人的医疗费用所承担的最高赔偿金额。医疗费用包括医药费、诊疗费、住院费、住院伙食补助费，必要的、合理的后续治疗费、整容费、营养费。

财产损失赔偿限额：被保险机动车发生交通事故，保险人对每次保险事故所有受害人的财产损失承担的最高赔偿金额。

四、保险费用

交强险保险费计算方法是：交强险保险费＝基础保险费×（1+与道路交通事故相联系的浮动比率）×（1+与交通安全违法行为相联系的浮动比率A）。

交强险费率浮动因素及比率：

A1：上一个年度未发生有责任道路交通事故，浮动比率为-10%；

A2：上两个年度未发生有责任道路交通事故，浮动比率为-20%；

A3：上三个年度未发生有责任道路交通事故，浮动比率为--30%；

A4：上一个年度发生一次有责任不涉及死亡的道路交通事故，浮动比率为10%；

A5：上一个年度发生两次有责任不涉及死亡的道路交通事故，浮动比率为20%；

A6：上一个年度发生有责任道路交通死亡事故，浮动比率为30%。

交强险的基础保费共有42种，分别为家庭自用车、非营业客车、营业客车、非营业货车、营业货车、特种车、摩托车和拖拉机等8大类42小类车型，保险费用各不相同，如表5-2所示。但对同一车型，全国执行统一价格。

表5-2　机动车交通事故责任强制保险基础费率表

序号	车辆大类	车辆明细分类	保费/(元·年⁻¹)
1	家庭自用车	家庭自用汽车6座以下	950
2		家庭自用汽车6座及以上	1 100
3	非营业客车	企业非营业汽车6座以下	1 000
4		企业非营业汽车6~10座	1 130
5		企业非营业汽车10~20座	1 220
6		企业非营业汽车20座以上	1 270
7		机关非营业汽车6座以下	950
8		机关非营业汽车6~10座	1 070
9		机关非营业汽车10~20座	1 140
10		机关非营业汽车20座以上	1 320
11	营业客车	营业出租租赁6座以下	1 800
12		营业出租租赁6~10座	2 360
13		营业出租租赁10~20座	2 400
14		营业出租租赁20~36座	2 560
15		营业出租租赁36座以上	3 530
16		营业城市公交6~10座	2 250
17		营业城市公交10~20座	2 520
18		营业城市公交20~36座	3 020
19		营业城市公交36座以上	3 140
20		营业公路客运6~10座	2 350
21		营业公路客运10~20座	2 620
22		营业公路客运20~36座	3 420
23		营业公路客运36座以上	4 690
24	非营业货车	非营业货车2 t以下	1 200
25		非营业货车2~5 t	1 470
26		非营业货车5~10 t	1 650
27		非营业货车10 t以上	2 220
28	营业货车	营业货车2 t以下	1 850
29		营业货车2~5 t	3 070
30		营业货车5~10 t	3 450
31		营业货车10 t以上	4 480

续表

序号	车辆大类	车辆明细分类	保费/(元·年⁻¹)
32	特种车	特种车一	3 710
33		特种车二	2 430
34		特种车三	1 080
35		特种车四	3 980
36	摩托车	摩托车 50CC 及以下	80
37		摩托车 50CC~250CC（含）	120
38		摩托车 250CC 以上及侧三轮	400
39	拖拉机	拖拉机	按保监产险〔2007〕53 号文件实行地区差别费率

注：① 座位和吨位的分类都按照"含起点不含终点"的原则来解释。

② 特种车一：油罐车、汽罐车、液罐车；特种车二：专用净水车、特种车一以外的罐式货车，及用于清障、清扫、清洁、起重、装卸、升降、搅拌、挖掘、推土、冷藏、保温等各种专用机动车；特种车三：装有固定专用仪器设备从事专业工作的监测、消防、运钞、医疗、电视转播等的各种专用机动车；特种车四：集装箱拖头。

③ 挂车不投保机动车交通事故责任强制保险。

④ 低速载货汽车参照运输型拖拉机 14.7 kW 以上的标准执行。

5.1.3 机动车损失保险

机动车损失保险是指保险车辆遭受保险责任范围内的自然灾害（不包括地震）或意外事故，造成保险车辆本身损失，保险人依据保险合同的规定给予赔偿。

一、保险标的

机动车辆损失保险合同承保的保险标的是各种类型的机动车辆，包括汽车、电车、电瓶车、摩托车、拖拉机、各种专用机械车、特种车。作为保险标的的机动车，必须是经过检验安全技术指标合格的车辆，并由公安机关交通管理部门核发行驶证和车辆号牌。

二、保险责任

保险车辆发生由于列明原因造成的损失，以及被保险人为防止或者减少被保险机动车的损失所支付的必要、合理的施救费用，保险人负责赔偿。

（1）事故发生在保险期间内，即事故发生在保险起讫时间范围内。

（2）事故发生时的驾驶人必须是被保险人或其允许的合法驾驶人。合法驾驶人是指符合《道路交通安全法》有关规定的驾驶人。

（3）事故发生在被保险机动车使用过程中。车辆的使用过程包括行驶和停放，而进厂维修、维护、测试等不属于使用过程。

（4）保险车辆的损失必须是列明原因造成的损失，损失原因如表5-3所示。

表5-3　机动车辆损失保险赔付的损失因素

序号	损失原因	损失类型
1	碰撞、倾覆、坠落	意外事故
2	火灾、爆炸	意外事故
3	外界物体坠落、倒塌	意外事故
4	暴风、龙卷风	自然灾害
5	雷击、雹灾、暴雨、洪水、海啸	自然灾害
6	地陷、冰陷、崖崩、雪崩、泥石流、滑坡	自然灾害
7	载运保险车辆的渡船遭受自然灾害（只限于有驾驶人员随车照料者）	特定灾害事故

三、保险金额

1. 按投保时被保险机动车的新车购置价确定

投保时的新车购置价根据投保时保险合同签订的同类型新车的市场销售价格（含车辆购置税）确定，并在保险单中载明，无同类型新车市场销售价格的，由投保人与保险人协商确定。

2. 按投保时被保险机动车的实际价值确定

投保时被保险机动车的实际价值根据投保时的新车购置价减去折旧金额后的价格确定。被保险机动车的折旧按月计算，不足一个月的部分，不计折旧。最高折旧金额不超过投保时被保险机动车新车购置价的80%。

折旧金额＝投保时的新车购置价×被保险机动车已使用月数×月折旧率

3. 在投保时被保险机动车的新车购置价内协商确定

此外，车损险是费率浮动的险种，车主在续保时保险公司会根据出险和理赔的情况进行动态调整。注意保险金额不得超过投保时的新车购置价，因为超过的部分无效。

5.1.4　机动车第三者责任保险

机动车第三者责任保险是指保险人允许的合格驾驶员在使用被保险车辆过程中发生的意外事故，致使第三者遭受人身伤亡或财产的直接损失，依法应当由被保险人支付的赔偿金额，保险人会按照保险合同中的有关规定给予赔偿。

一、第三者

在保险合同中，保险人是第一方，也叫第一者；被保险人或使用保险车辆的致害人是第二方，也叫第二者。第三者是指除投保人、被保险人、保险人以外的，因保险车辆发生意外事故遭受人身伤亡或财产损失的保险车辆下的受害者。同一被保险人的车辆之间发生意外事故，对方均不构成第三者。

第三者责任保险属于责任险范畴，属于广义的财产保险类别，保险标的是被保险人对他人（第三者）的民事赔偿责任，被保险人因过错或过失对他人的人身伤害和财产损失，依法或依惯例承担民事赔偿责任时才给予赔偿，无责任无赔偿，赔偿金额由被保险人实际支付的赔偿金额决定且受赔偿限额限制。

二、保险责任

被保险人或其允许的驾驶人员在使用保险车辆过程中发生意外事故，致使第三者遭受人身伤亡或财产直接损毁，依法应当由被保险人承担的经济赔偿责任，保险人负责赔偿。

被保险人允许的驾驶人，这里有两层含义：一是被保险人允许的驾驶人，指持有驾驶执照的被保险人本人、配偶及他们的直系亲属或被保险人的雇员，或驾驶人使用保险车辆在执行被保险人委派的工作期间、或被保险人与使用保险车辆的驾驶人具有营业性的租赁关系。二是合格，指上述驾驶人必须持有有效驾驶执照，并且所驾车辆与驾驶执照规定的准驾车型相符。只有"允许"和"合格"两个条件同时具备的驾驶人在使用保险车辆发生保险事故造成损失时，保险人才予以赔偿。保险车辆被人私自开走，或未经车主、保险车辆所属单位主管负责人同意，驾驶人私自许诺的人开车，均不能视为"被保险人允许的驾驶人"开车，此类情况发生肇事，保险人不负责赔偿。

保险责任成立必须同时具备以下条件：

（1）风险事故必须发生在保险期间内，即在保险单上列明的保险合同起讫时间范围内。

（2）风险事故必须是保险车辆在中华人民共和国境内（不含港、澳、台地区）行驶过程中发生。

（3）风险事故必须是被保险人或其允许的合法驾驶人在使用保险车辆的过程中发生。

（4）必须是保险合同中约定的第三者因被保险机动车发生意外事故遭受人身伤亡或者财产直接损毁的损失且超过交强险各分项赔偿限额以上的部分。

三、责任限额

责任限额是每次发生保险事故时保险人的最高赔偿金额。责任限额由投保人和保险人在签订保险合同时按保险监管部门批准的限额档次协商确定。

当主车和挂车连接使用时视为一体，发生保险事故时，由主车保险人和挂车保险人按照保险单上载明的机动车第三者责任保险责任限额的比例，在各自的责任限额内承担赔偿责任，但赔偿金额总和以主车的责任限额为限。通过条款明确损失分摊原则以避免实践中就主、挂车损失分摊产生争议。

四、保险费用

第三者责任险的费用由车辆的性质和投保的保额等决定，根据费率表，就可以得到固定费率。

5.1.5　附加险

1. 机动车第三者责任保险的附加险

在投保了第三者责任险的基础上方可投保车上人员责任险、车上货物责任险、无过失责任险、车载货物掉落责任险。

（1）车上人员责任险。发生意外事故，造成保险车辆上人员的人身伤亡，依法应由被保险人承担的经济赔偿责任，保险人负责赔偿。投保了本保险的汽车在使用过程中，发生意外事故，致使保险车辆上人员的人身伤亡，依法应由被保险人承担的经济赔偿责任，以及被保险人为减少损失而支付的必要的、合理的施救、保护费用，保险人在保险单所载明的该保险赔偿限额内计算赔偿。

（2）车上货物责任险。发生意外事故，致使保险车辆所载货物遭受直接损毁，依法应由被保险人承担的经济赔偿责任，保险人负责赔偿。

（3）无过失责任险。保险车辆与非汽车或行人发生交通事故，造成对方的人身伤亡或财产直接损毁，保险车辆方无过失，且被保险人拒绝赔偿未果，对被保险人已经支付给对方而无法追回的费用，保险人按照《道路交通事故处理办法》和出险当地的道路交通事故处理规定标准，在责任限额内计算赔偿。每次赔偿实行20%的免赔率。

（4）车载货物掉落责任险。被保险人或其允许的合格驾驶人在使用保险车辆过程中，所载货物从车上掉落致使第三者遭受人身伤亡或财产的直接损毁，依法应当由被保险人承担的经济赔偿责任，保险人在保险单所载明的本保险赔偿限额内负责赔偿。车载货物分为固体、液体和气体三种。本附加险所承担的保险责任，指投保了本保险的汽车在正常使用过程中，装载在保险车辆上的固体货物（对盛装液体和气体的容器视同固体货物对待），从保险车辆掉下，砸伤（亡）他人或砸毁他人的财产，应由被保险人承担的经济赔偿责任，保险人在保险单所载明的赔偿限额内计算赔偿。

2. 机动车辆损失保险的附加险

机动车辆损失保险的附加险主要有以下几种：

（1）全车盗抢险。全车盗抢险是指当保险车辆（含投保的挂车）全车被盗窃、被抢劫、被抢夺，经县级以上公安刑侦部门立案侦查证实，满2个月未查明下落时，保险

人负责赔偿保险车辆全车被盗窃、被抢劫、被抢夺后受到的损坏或因此造成车上的零部件、附属设备丢失需要修复的合理费用的保险。

（2）玻璃单独破碎险。玻璃单独破碎险是指车辆在使用过程中，发生本车玻璃单独破碎时，保险人按实际损失赔偿的保险。通常，投保人在与保险人协商的基础上，可以自愿选择按进口风挡玻璃或国产风挡玻璃投保，保险人根据其选择承担相应的保险责任。

（3）车辆停驶损失险。车辆停驶损失险是指保险车辆在使用过程中，因发生车辆损失险责任范围内的保险事故，造成车身损毁，致使保险车辆需进厂修理所引起的保险车辆停驶损失，保险人按保险合同规定在赔偿限额内负责赔偿的保险。

（4）自燃损失险。自燃损失险是指保险车辆在使用过程中，因本车电器、线路、供油系统发生故障及运载货物自身原因起火燃烧，造成保险车辆的损失时，以及在发生本保险事故时，被保险人为减少保险车辆损失所支出的必要和合理的施救费用，保险人负责赔偿的保险。

（5）新增加设备损失险。新增加设备损失险是指保险车辆在使用过程中，发生车辆损失险责任范围内的保险事故，造成车上新增加设备的直接损毁时，保险人在保险单该项目所载明的保险金额内，按实际损失计算赔偿的保险。

（6）代步车费用险。代步车费用险是指保险车辆在使用过程中，因发生车辆损失险保险责任范围内的保险事故，造成车身损毁需进厂修理时，在双方约定的修复保险车辆期间内，被保险人需要租用代步车发生的费用，保险人按条款约定承担赔偿责任的保险。

（7）车身划痕损失险。车身划痕损失险是指保险车辆因他人恶意行为造成保险车辆车身人为划痕时，保险人按实际损失计算赔偿的保险。

（8）租车人人车失踪险。租车人人车失踪险是指租车人未能按约定时间归还租赁机动车，经出险当地县级以上公安刑侦部门立案证明租车人与租赁机动车同时失踪，满60天未查明下落的，对于被保险机动车的自身损失，保险人依照保险合同的约定负责赔偿的保险。

（9）可选免赔额特约条款。被保险机动车发生机动车损失保险合同约定的保险事故，保险人在按照机动车损失保险合同的约定计算赔款后，扣减本特约条款约定的免赔额。

（10）机动车停驶损失险。机动车停驶损失险是指因发生机动车损失保险的保险事故，致使被保险机动车停驶，保险人在保险单载明的保险金额内承担赔偿责任的保险。

5.1.6　商用车保险的投保

除了国家强制机动车所有人必须购买的机动车交通事故责任强制保险，其他机动车保险分为两大类：一类是基本险，包括车辆损失险和第三者责任事故险；另一类是车主自愿投保的附加险，主要包括全车盗抢险、车上人员责任险、车上货物责任险、自燃损失险、不计免赔特约险等险种。投保人可以根据自己的实际需求进行投保。以下五种商用车保险方案可供投保人参考。

1. 基本型方案

险种：机动车交通事故责任强制保险；

适用情况：急于上牌或年检。

2. 基础型方案

险种：机动车交通事故责任强制保险+机动车第三者责任保险；

适用情况：经济实力一般。

3. 经济型方案

险种：机动车交通事故责任强制保险+机动车第三者责任保险+车上货物责任险；

适用情况：注重性价比，新车。

4. 特别型方案一

险种：机动车交通事故责任强制保险+机动车第三者责任保险+车上货物责任险+自燃损失险+车上人员责任险；

适用情况：车龄偏长。

5. 特别型方案二

险种：机动车交通事故责任强制保险+机动车第三者责任保险+车上货物责任险+自燃损失险+车上人员责任险+新增加设备损失险；

适用情况：危化品运输车。

6. 完全型方案

险种：机动车交通事故责任强制保险+机动车第三者责任保险+机动车辆损失保险+车上货物责任险+车上人员责任险+自燃损失险+全车盗抢险+不计免赔特约险；

适用情况：经济宽裕、新手司机、贵重物品运输。

5.2　商用车金融服务

5.2.1　汽车金融服务概述

汽车金融服务主要是指与汽车产业相关的金融服务，是在汽车研发设计、生产、流通、消费等各个环节中所涉及的资金融通的方式、路径或者说是一个资金融通的基本框架，即资金在汽车领域是如何流动的，从资金供给者到资金需求者的资金流通渠道，主要包括资金筹集、信贷运用、抵押贴现、金融租赁，以及相关保险、投资活动，它是汽车业与金融业相互渗透的必然结果。

2020 年我国商用车金融机构为终端用户提供了超过 5 500 亿元规模的融资，同比增长幅度超过 33%，2000—2020 年商用车行业放款规模如图 5-1 所示。从不同车型领域来看，中重型载货车的金融渗透率增长快速，超过 80% 的中重型载货车用户在购车过程中使用了金融产品，金融渗透率基本达到了顶峰；而轻微型载货车的价格相对便宜，用户使用金融产品的习惯还在逐渐培养过程中，仅 40% 左右的金融渗透率为商用车金融企业的发展留下了较大的空间；从客车行业来看，旅游、公交领域的金融渗透率突破 65%，还有一定量的增长空间。

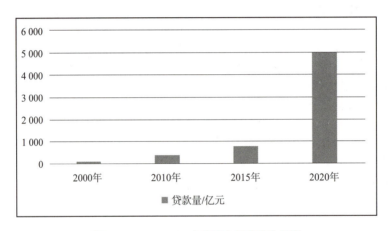

图 5-1　2000—2020 年商用车行业放款规模

广义上的汽车金融是指围绕汽车全产业而产生的产业链金融服务，其中就包括了汽车的设计、生产、销售、消费等各环节中的金融活动，包括信贷、租赁、资金筹集、抵押等；狭义上的汽车金融则是指汽车销售和消费环节的金融服务，包括融资、贷款、保险和租赁等。

本节主要讲述为营运车辆的车主提供的以融资模式为主的商用车金融服务。

5.2.2　商用车金融服务的特性

商用车是生产工具，但乘用车是消费品，二者的属性不同，对应的还款清晰度以及还款集中度不同。对于商用车的所有人而言，其主要的还款来源就是跑运输赚取的运输费，而乘用车的还款来源于个人收入。二者的风险不同，乘用车在于还款能力和还款意愿的判断，比如所有人的工作、收入、资产负债以及个人信用情况等。商用车除了要对以上情况进行判断外，还需要对所有人的相应工作经验、揽活能力以及个人收支有没有合理的测算等进行相应的调查。

商用车贷款者通过贷款的方式取得车辆的所有权或使用权，即取得营运从业资格。其还款能力取决于预期收入能力与还款金额是否匹配。其中包括行业平均盈利水平、运输业务稳定性、运费结算周期、现金流情况、还款时间（月底或月初最好）方式、利息水平等。上述问题在办理业务时就应该进行分析。运营车辆的贷款一定是通过车辆本身的收入来偿还，而不能通过其他方式筹资偿还。

1. 车辆贷款的还款

商用车客户贷款的还款来源，是车辆运营本身产生的现金流入，主要指车辆运营收入的毛利，即运营总收入减去运营成本的差额。其中要考虑运营收入中是否全部为现金收入，应收账款占比及周转期限等因素。如果现金流入不能够支撑还款，就会出现拖欠还款的情况。

2. 项目贷款的还款

项目贷款是指加油、ETC、保险、轮胎等成本项目贷款。这部分还款是通过支出运营成本还款。客户办理专项贷款的目的是滞后支出成本，利用货币的时间价值，将现金流投入到扩大运营能力之中，所以项目贷款的还款来源于客户的成本支出。

3. 现有收入与预期收入的关系

现有收入是反映客户是否为行业从业者及与行业联系的紧密程度，利用现有收入情况可以预计客户未来收入的大致情况。在开展金融业务之前，进行意向客户统计时就要明确是否应纳入意向客户管理，应进行客户甄别分类，从而有针对性地对不同客户输出不同的金融服务产品。

5.2.3　商用车金融服务产品设计

商用车金融服务产品应该是有针对性的。针对不同需求的客户，设计出不一样的金融服务产品。在设计商用车金融服务产品时，还应充分考虑风险问题，即产品设计过程中如何规避风险，出现风险如何应对。

（1）农副产品运输车，主要考虑季节性、运距、气温、运输路线等因素。如果某条线路是经常拥堵的线路，又在夏季运输，还要考虑水果蔬菜的保鲜问题带来的隐患。

（2）渣土自卸车，主要考虑其运输的区域，如北方有冻土期、南方有梅雨季。

（3）长途客车，主要考虑高铁的布局。

商用车金融服务产品方案设计如表5-4所示。

表5-4　某品牌商用车金融服务产品方案设计

售价		首付比例		首付金额	
贷款融资额		保证金比例		保证金金额	
合同年利率		贷款期限		—	—
合同年利率对应月息		—	—	—	—
合同年利率对应贷款利息		厂家贴息上限		实际贴息额	
贴息后对应实际贷款利息		—	—	贴息后对应实际月供	
客户实际年利率		—	—	客户首期费用	
客户实际年利率对应月息		内部收益率		—	—

5.2.4　典型商用车金融服务产品

商用车金融的卖方主要由商业银行、金融租赁公司、厂家金融、专业第三方租赁公司组成。

1. 银行汽车贷款产品

银行汽车贷款产品具有利率低的优势，但相比之下首付高，贷款者条件要求高，还需要担保、抵押、交纳保证金，同时贷款批复时间长、流程复杂，贷款年限短。由于商用车金融产品风险高，国内银行多以轿车贷款业务为主，国内部分银行的汽车贷款产品如表5-5所示。

表5-5　国内部分银行的汽车贷款产品

银行名	产品名	适合业务	贷款限额
建设银行	个人汽车贷款	新车或二手车	自用车的贷款金额不超过所购汽车价格的80%；商用车的贷款金额不超过所购汽车价格的70%
工商银行	个人商用车贷款	购买以营利为目的的汽车贷款	不超过购车价格的70%
农业银行	个人汽车贷款	贷款购买自用车或商用车	自用车贷款金额最高为购车价格的80%；商用车贷款金额最高为购车价格的60%
北京银行	个人车位按揭贷款	现房且取得大产权证的车位	最高不超过所购车位价值的70%，且不得超过对应住房按揭贷款核准成数
中国银行	个人营运类车贷	一手营运车	客运车贷款限额不超过所购车辆价格的60%；货运车和工程车的最高贷款限额不超过所购车辆价格的50%

2. 汽车金融公司贷款产品

在国外，通过汽车金融公司贷款购车是最为普遍的汽车贷款方式。通常情况下，汽车金融公司具有门槛低、首付比例低、贷款时间长、审批灵活、速度快等特点，已逐渐成为许多消费者选择购车贷款的主要渠道之一。同时，汽车金融公司贷款需要经销商担保，而且利息为银行贷款的 1 倍以上。

案例分享

坚守普惠初心　践行扶农助小

长期以来，以小微企业、三农客户为代表的普惠金融群体在经济体系中长期处于弱势地位，易受到金融服务的忽视。作为商用车金融业务排名全国第一的狮桥融资租赁（中国）有限公司（以下简称"狮桥集团"），长期聚焦服务的也是以卡车司机为代表的弱势群体，通过与金融机构合作等方式，将金融资源下沉到农村地区，为广大卡车司机、农户群体获取生产经营工具提供普惠金融服务，巩固扶贫成果，促进脱贫人口稳定就业，助力乡村全面振兴。

2022 年 4 月，狮桥集团发行了狮桥中信证券普惠 9 期资产支持专项计划（乡村振兴），这笔项目共募集资金 11.67 亿元，项目资金中约 74.32% 用于向脱贫摘帽不满五年地区人口投放生产经营活动所需的运输车辆，为承租人从事物流运输和配送等行业经营提供金融服务，有助于促进乡村地区人口稳定就业、优化乡村就业结构。共 4 691 户农户享受到本项目的资金支持，户均享受支持金额 28.9 万元，帮助农村地区承租人购买生产经营活动所需的商用车达 6 122 辆。

鉴于狮桥集团在全国商用车金融行业的优秀表现，中国汽车流程协会授予狮桥集团"2023 全国商用车金融行业领跑企业"殊荣。

3. 整车厂财务公司、融资租赁公司融资租赁产品

厂商金融最初以促销为主，逐渐演变为厂商获利的重要手段和形式，国内主要商用车企业旗下金融机构设立情况如表 5-6 所示。其特点主要是：① 多服务本品牌；② 主机厂贴息优惠政策；③ 对品牌经销商营销网络的控制；④ 开发针对性金融产品快；⑤ 偏好最优质客户。

表 5-6　国内主要商用车企业旗下金融机构设立情况

序号	整车厂	金融机构名称	融资租赁公司/融资担保公司
1	一汽解放	一汽财务	一汽租赁
2	东风商用车	东风财务	创格租赁
3	中国重汽	重汽金融	山重租赁

序号	整车厂	金融机构名称	融资租赁公司/融资担保公司
4	上汽	上汽财务	安吉租赁
5	北汽福田	北汽财务	中车信融
6	陕汽	德银租赁	—
7	长安汽车	长安金融/兵装财务	—
8	三一（重卡）	三一金融	中国康富/三一租赁
9	吉利	吉致金融	智慧普华融资租赁
10	江淮汽车	瑞福德金融	江淮汽车融资担保
11	长城汽车	长城滨银金融	—

整车厂财务公司、融资租赁公司融资租赁产品有首付低、放款快、贷款者条件要求一般、无须客户担保、贷款时间长、贷款项目多等优势，但需要经销商担保，贷款利率利息高于银行贷款利率的12%以上。

4. 独立的融资租赁公司融资租赁产品

（1）直租模式：消费者新购商用车时，由融资租赁公司向汽车经销商支付商用车款，消费者取得商用车的占有、使用和收益权，按月偿付等额租金；租赁期结束，商用车所有权转予消费者。

（2）售后回租模式：消费者将自有商用车的所有权转让给融资租赁公司；根据商用车净值的一定比例获得流动资金，消费者对商用车的占有、使用和收益权不受影响，租赁期结束后，消费者重新获得商用车所有权。

独立的融资租赁公司融资租赁产品具有首付低、不需要担保、贷款者条件要求一般、放款快、贷款项目多等优势，但贷款时间短，而且利息为银行贷款利率的12%以上。

案例分享

首付+月供+尾款类型的产品："开走吧"

易鑫集团是国内专业的汽车金融交易平台，依托"人+车"数据库优势，打造便捷、安全的一站式汽车金融交易平台，通过自营融资和平台助贷的方式为消费者提供购买新车和二手车的融资服务。

2022年易鑫集团全年交易量55.6万笔，同比增长5%，收入和新增核心服务收入分别达52.02亿元和36.10亿元，同比增长49%和54%。

易鑫集团推出"开走吧"产品，按照经营租赁模式，易鑫向汽车经销商购买汽车并充当出租人，将汽车租给消费者（承租人），以收取租金。在租赁期间内，易鑫保有汽车所有权，消费者仅拥有使用权，在租赁期满后（也就是12个月后），消费者既可以选择转为三年的融资租赁，也可以一次付清尾款拿到汽车所有权。"开走吧"产品模式如图5-2所示。

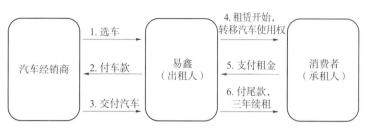

图5-2　"开走吧"产品模式

5.2.5　商用车金融贷款流程

（1）挑选自己想要购买的车型，然后和销售人员协商车辆价格、手续费，以及首付比例和贷款金额。

（2）申请贷款购车，并填写相应申请表，并上交审核所需资料。

（3）相应的金融机构对贷款人的申请资格进行审核。

（4）对于审核通过的，汽车金融公司发放合同，申请人仔细阅读合同条款，签订借款合同，交付约定的汽车首付款，同时购买汽车全险及汽车购置税。

（5）车管所上牌照，同时办理抵押手续。

（6）相关的抵押手续办好后，等待金融机构放款。

5.3　物流运输管理服务

物流运输服务是由铁路、水路、公路、航空及管道等五种运输服务组成的服务网络。根据不同的运输要求，合理地选择运输方式，不仅能够提高效率、降低成本，更是物流运输服务最终目标——运输合理化的基本要求。

2022年，全国社会物流总费用17.8万亿元，同比增长4.4%。社会物流总费用与GDP的比率为14.7%，比上年提高0.1个百分点。运输对发展经济、提高国民生活水平有着十分巨大的影响，现代的生产和消费，就是靠运输事业发展来实现的。只要对比发展中国家和发达国家的经济，就可看出运输在创造高水平经济活动中的作用。在发展中

国家，生产和消费通常在空间上非常接近，大量劳动力投入到农业生产中，居住在城市中的人口只占总人口的很小一部分。随着廉价、便利的运输服务的出现，整个经济结构逐步朝着发达国家的结构演变。人口向城市中心转移，导致大城市的产生，生产的地域限制、产品的种类限制逐步清除，居民的物质生活水平普遍提高。

5.3.1 物流运输服务人员

一、物流运输服务的参与者

运输服务与一般的服务不同，一般要受到托运人（起始地）、收货人（目的地）、承运人、政府机构和公众五方的影响，它们都是运输服务的参与者。

1. 托运人和收货人

托运人和收货人作为运输合同的一方，他们的目的是相同的，就是要在规定的时间内以最低的成本将货物从起始地运送到目的地。运输服务应包括具体的提取货物和交付货物的时间，预计运输时间，货物损失率以及精确和适时地交换装运信息和签发凭证等。

2. 承运人

承运人作为中间环节，他期望以最低的成本完成所要完成的运输任务，同时获得最大的运输收益。因此，承运人希望以托运人（或收货人）愿意支付的最高费率收取运费，力争使运送货物所需的劳动力、燃料和运输工具成本达到最低，并期望在提取和交付时间上有灵活性，以便能够使个别装运整合成批量经济运输。

承运人可以分为自营承运人、公共承运人和契约承运人。公共承运人在经营权范围内运输货物，并有责任以非歧视价格面向社会公众提供服务；契约承运人仅向与其订有契约的客户提供合同规定的运输服务，且可以按合同向不同的客户索取不同运价；自营承运人是自己拥有运输工具运输自己产品的企业。

3. 政府机构

由于运输是一种经济行业，所以政府要维持交易中的高效率。政府期望形成稳定而有效率的运输环境，促使经济持续增长，使产品有效地转移到各个市场，并以合理的成本获得产品。为此，政府比一般企业要更多地干预承运人的活动，这种干预往往采取规章制度、政策促进、拥有承运人等形式。政府通过限制承运人所能服务的市场或确定他们所能收取的价格来规范他们的行为；通过支持研究开发或提供公路或航空交通控制系统等的通行权来促进承运人发展。目前，世界许多国家的运输设施仍然主要由政府提供，一些公共运输的经营也由政府负责。

4. 公众

公众关注运输的可达性、费用和效果，以及环境上和安全上的标准。公众按合理价格产生对周围商品的需求并最终确定运输需求。尽管最大限度地降低成本对于消费者来说是重要的，但与环境和安全标准有关的交易代价也需加以考虑。尽管目前在降低污染和消费安全方面已有了重大进展，但空气污染等产生的影响仍是运输的一个重大问题。既然要把降低环境风险或运输工具事故的成本转嫁到消费者身上，那么他们必然会共同参与对运输的安全做出判断和决策。总的来看，公众对运输的影响都是间接的，但其影响力却不容忽视。

以上各方的参与使运输服务变得很复杂。这种复杂性要求物流运输管理需要考虑多方面的因素，顾及多方面的利益。

二、物流运输服务的提供者

物流运输服务是由各类提供者共同提供的，主要包括单一方式经营人、专业承运人、联运经营人和非作业性质的中间商。

1. 单一方式经营人

最基本的承运人类型是仅利用一种运输方式提供服务的单一方式经营人，这种集中程度使承运人高度专业化，有足够的能力和高效率。如航空公司就是单一方式的货运承运人，他们只提供机场至机场的服务，托运人须自己前往机场和离开机场。

2. 专业承运人

由于小批量货物装运和交付在运输中存在很多问题，公共承运人很难提供价格合理的小批量装运服务，且服务质量较低；于是那些提供专门化服务的公司就乘机进入小批量装运服务市场或包裹递送服务市场，如中国邮政、EMS 和一些快递公司等。

3. 联运经营人

联运经营人使用多种运输方式，利用各自的内在经济性以最低的成本条件提供综合性服务，组成托运人眼中的"一站式"服务。对于每一种多式联运的组合，其目的都是要综合各种运输方式的优点，以实现最优化绩效。现在人们越来越强烈地意识到多式联运将成为提供高效运输服务的一种重要手段。

4. 中间商

运输服务的中间商通常不拥有运输设备，但向其他厂商提供经纪服务，他们的职能多少类似于营销渠道中的批发商。中间商通常向托运人提供的费率在相同的装运批量上低于专业承运人的费率。中间商的利润是向托运人收取的费用和向承运人购买的运输服务成本之间的差额。货运中间商可以使托运人和承运人有机结合起来，既方便了小型托运人的托运活动，同时也简化了承运人的作业行为，并且可以通过合理安排运输方式，避免物流运输的浪费。运输服务中间商主要有货运代理人、经纪人以及托运人协会等。

5.3.2　商用车物流运输分类

商用车运输属于公路运输范畴，在运送过程中一般无须中转，能提供"门到门"的货物运输服务。

商用车物流运输可以按照系统性质、运输距离、企业性质、运营方等进行分类，但一般按照行业内部经济活动所发生的物流活动来进行分类。在一般情况下，同一行业的各个企业往往在经营上是竞争对手，但为了共同的利益，在物流领域中却又经常互相协作，共同促进物流系统的合理化。本小节主要讲述行业物流运输分类。

一、鲜活农产品运输绿色通道物流运输

最初于1995年组织实施，主要内容为：在收费站设立专用通道口，对整车合法运输鲜活农产品车辆给予"不扣车、不卸载、不罚款"和减免通行费的优惠政策。2010年12月1日起，绿色通道扩大到全国所有收费公路，而且减免品种进一步增加，主要包括新鲜蔬菜、水果，鲜活水产品，活的畜禽，新鲜的肉、蛋、奶等。2019年交通运输部、国家发展改革委、财政部联合发布了《关于进一步优化鲜活农产品运输"绿色通道"政策的通知》，对运输的优惠政策、管理方式和运输的货物范围等进行了规范。

关于进一步优化鲜活农产品运输"绿色通道"政策的通知

交公路发〔2019〕99号

各省、自治区、直辖市交通运输厅（局、委）、发展改革委、财政厅（局）：

为贯彻《国务院办公厅关于印发深化收费公路制度改革取消高速公路省界收费站实施方案的通知》（国办发〔2019〕23号），确保取消全国高速公路省界收费站顺利实施，实现不停车快捷收费，提高鲜活农产品运输车辆通行效率，减少拥堵，便利群众，现就优化鲜活农产品运输"绿色通道"政策有关事项通知如下：

一、严格免收车辆通行费范围

整车合法装载运输全国统一的《鲜活农产品品种目录》内的产品的车辆，免收车辆通行费。本通知规定的"整车合法装载运输"是指车货总重和外廓尺寸均未超过国家规定的最大限值，且所载鲜活农产品应占车辆核定载质量或者车厢容积的80%以上、没有与非鲜活农产品混装等行为。

二、优化鲜活农产品运输车辆通行服务

（一）鲜活农产品运输车辆通过安装ETC车载装置，在高速公路出、入口使用ETC专用通道，实现不停车快捷通行。

（二）鲜活农产品运输车辆驶出高速公路出口收费站后，在指定位置申请查验。

经查验符合政策规定的，免收车辆通行费；未申请查验的，按规定收取车辆通行费；经查验属于混装、假冒等不符合政策规定的，按规定处理。出口收费站外广场暂不具备查验条件的，可继续在收费车道内实施查验。

（三）建立全国统一的鲜活农产品运输"绿色通道"预约服务制度。鲜活农产品运输车辆通过网络或客服电话系统提前预约通行。

（四）建立鲜活农产品运输信用体系。对一年内混装不符合规定品种（或物品）超过3次或者经查验属于假冒的鲜活农产品运输车辆，记入"黑名单"，在一年内不得享受任何车辆通行费减免政策，并将有关失信记录纳入全国信用信息共享平台，并对外公开；对信用记录良好的车辆，逐步降低查验频次。

三、保障措施

（一）加强领导，落实责任。省级交通运输、发展改革、财政等主管部门要在省级人民政府统一领导下，严格按照《收费公路管理条例》和本通知要求，制定实施方案，明确责任分工，共同抓好实施工作。

（二）认真清理，全面规范。严格按照全国统一的《鲜活农产品品种目录》，清理规范本地区享受"绿色通道"政策的鲜活农产品品种目录，确保鲜活农产品运输"绿色通道"政策在全国范围的一致性和规范性。除法律、行政法规和国务院另有规定外，各地不得在路面环节增加针对鲜活农产品运输车辆的检查和验证，影响鲜活农产品车辆通行效率。

（三）及时评估，完善措施。深入评估政策实施效果及影响，不断完善配套措施，妥善解决出现的问题；对因优化政策造成收费公路经营单位合法收益损失的，应按照相关法律法规的规定，制定具体方案，予以补偿。

（四）加强宣传，正面引导。通过政府网站、新闻媒体等多种渠道，加强政策宣传解读，使社会公众及时、全面了解优化"绿色通道"政策的必要性、重要性和具体内容，为促进政策顺利实施营造良好的环境。

交通运输部　国家发展改革委　财政部

2019 年 7 月 18 日

二、冷藏物流运输

冷藏运输是指将易腐、易变质食品在低温下从一个地方完好地输送到另一个地方的专门技术，是冷藏链中必不可少的一个环节，由冷藏运输设备来完成。

冷藏车是指用来维持冷冻或保鲜的货物温度的封闭式厢式运输车。冷藏车是装有制冷机组的制冷装置和聚氨酯隔热厢的冷藏专用运输汽车。

冷藏车常用于运输冷冻食品，奶制品、蔬菜水果、疫苗药品等。按货物对温度要

求，冷藏车可分为以下 4 类。

1. 保鲜类

运输蔬菜、鲜花、水果、保鲜疫苗、鲜活水产品、电子元器件。一般温度要求在 2~8 ℃。

2. 冷鲜类

运输排酸肉品、江海鲜产品、豆制品、疫苗制品、医疗垃圾转运、巧克力等。一般对温度要求是 0~5 ℃。

3. 冷冻类

运输速冻食品、速冻海鲜江鲜产品、冻肉制品等。一般对温度要求为-10~18 ℃。

4. 深冷冻

运输冰淇淋、高危险品、面包活菌酵母面团，一般对温度要求是-20~45 ℃。

三、危化品物流运输

从事危险化学品道路运输，应当依照有关道路运输的法律、行政法规的规定，取得危险货物道路运输许可，并向工商行政管理部门办理登记手续。危险化学品道路运输企业应当配备专职安全管理人员。

危险品运输车是一种货箱顶部不封闭、排气管前置并装有防火花装置，运送石油化工品、炸药、鞭炮等危险品的专用车辆。危险品运输车配备 ABS 系统装置，实行运输过程全程监控，同时配备防撞条、防静电等设施，安全可靠。

1. 罐式专用运输车

运输易燃、易爆、毒害性等液体类危化品一般采用罐式专用运输车。常见罐体形状有椭圆形、方圆形、圆形等。优点：该车辆一般由碳钢内衬或不锈钢板材做成，内部设置多道全塑防波隔板。通过了高压气密性检测，罐体强度高、重心稳、车辆运载安全平稳，并且安装有行车记录仪和定位系统。车体牢固严密，钢体外表有清晰、规范、易识别标志。罐式专用运输车如图 5-3 所示。

图 5-3　罐式专用运输车

2. 厢式专用运输车

运输工业炸药、雷管、烟花爆竹等固体类危化品一般采用厢式专用运输车。车身有"禁止烟火"和"爆"等字样。车厢顶部封闭，厢体侧门装卸货物。优点：厢体外部用冷轧钢板，中间层为阻燃材料填充，内饰铝板和防静电胶板，可起到防尘、防雨、防盗、防静电、防雷等作用。厢体内部前面与侧面装有固定拉环，用捆绑带捆绑货物，以避免其移动。厢式专用运输车如图 5-4 所示。

图 5-4　厢式专用运输车

5.3.3　商用车托管服务

对于商用车来说，车辆的高出勤率就代表着高收益，但是由于商用车工作环境的特殊性和电子技术的普遍应用，对车辆的日常维护保养越来越专业。针对中小型商用车队没有专业的管理团队，很容易因车辆维护保养不善而影响收益的情况，专注于车辆运营的车辆托管服务模式应运而生。

商用车托管服务是一种以预防式维护保养为主、以专业维修为辅的主动式服务方式，追求的是质量上的"零维修"，车辆的最佳"出勤率"。全力打造"一站式"服务模式，从服务响应速度、到位时限、服务限时等方面做出服务保障承诺，确保服务质量。其服务内容包括以下几个方面：

1. 维护保养

规定时间或里程的维护保养，主动预防检查，判断易损易耗件能否继续正常工作，保障车辆处于时时工作状态。以养代修，避免车辆意外停运，在减少运营损失的同时可大幅降低车辆维修成本。

2. 维修技术专家协同产业链服务团队提供服务

厂商把产业链服务团队组织起来，为车辆提供快速便捷的服务，通过驻场服务、预

约服务、配件预投等缩短车辆进店维修的等待时间，可显著提高车辆的出勤率，提升运营效率。

3. 一车一档案

建立车辆健康档案，为车辆制定全生命周期维护计划书，减轻管理压力。

商用车托管服务能有效改善车辆维保时间延误、车辆抛锚停运和维修费用高等问题，提升了客户满意度，增加了客户黏性，促进了新车的销售，提高了品牌的市场占有率。

5.4 二手商用车鉴定评估

5.4.1 二手商用车概述

2005年10月1日，由中华人民共和国商务部（简称"商务部"）、中华人民共和国公安部（简称"公安部"）、中华人民共和国国家工商行政管理总局（简称"工商总局"）、国家税务总局（简称"税务总局"）联合发布的《二手车流通管理办法》正式实施。此办法总则的第二条，对二手车定义为：二手车是指办理完注册登记手续到达国家制度报废标准之前进行交易并转移所有权的汽车（包括三轮汽车、低速载货车，即原农用车）、挂车和摩托车。

目前，我国商用车保有量已突破4 000万辆，对于商用车行业来说，"存量"时代已经正式到来。面对已经很难有新车增量的市场和二手商用车市场的巨大潜力，推进发展置换业务和二手商用车交易体系已经成为各方共识。2018年，全国仅有23%的经销商拥有二手商用车交易业务，而到2021年，开展二手商用车业务的经销商已超过50%。

1. 二手商用车分类

二手商用车分为载货车和客车两大类。

（1）载货车分为重型载货车、中型载货车、轻型载货车、微型载货车。

（2）客车分为大型客车、中型客车、轻型客车、微型客车。

2. 商用车运营模式

国内商用车运营方式，通常由国家通过特许经营管理，无论公司或者个人，都有符合运输准入标准的资质审核和认定，并以线上或线下模式予以界定。不符合或者不完全符合准入资质的运营方，不管是公司还是个人，均可选择挂靠有资质的运营公司方式，满足运营资质需求。

商用车领域的车辆持有方，一般使用的运营模式有以下4种。

（1）商用车运营方自己持有，雇佣驾驶人员负责日常运营的自营模式。

（2）商用车运营方组织，驾驶人持有，并因道路运输许可或准入资质需要，名义所有权人为运营方、实际权属人为驾驶人和运营人的挂靠模式。

（3）商用车运营方自己持有，车辆经营租赁给到车辆实际使用人的租赁运营模式。

（4）由商用车个人驾驶人员持有，用于自用物品运输的非运营模式。

3. 二手商用车市场特点

（1）流通快。新车使用后3~5年是二手商用车密集交易期，90%以上的各类商用车交易，在该期限内完成。

（2）交易科技化程度低。除了小部分二手商用车市场是专业化市场外，大部分二手商用车都存在或附属于二手车交易市场，对市场集约化信息和交易机会的关注度、商业车辆交易速度、车辆价值博弈认定的诉求都很高。二手商用车交易市场需要展开车辆日常管理、金融、价值评估、过户或抵押等权属公示、车辆交易机会公开等综合一体化服务，提高交易科技平台建设及互联网应用。

（3）评估难以标准化。商用车驾驶人员作为车辆日常使用主体，无论自有或者挂靠，普遍存在个人素质参差不齐、对车辆使用粗糙和车辆日常价值管理意识缺失的情况。二手商用车的运营风险大，可持续使用性和再次处置的残余价值难以评估。

（4）相关政策放松。2022年下半年，国务院、商务部、工信部、公安部等多部门相继发布《关于印发扎实稳住经济一揽子政策措施的通知》《关于搞活汽车流通扩大汽车消费若干举措的通知》《关于完善二手车市场主体备案和车辆交易登记管理的通知》等多项重要政策，其中明确提出在全国范围内取消对符合国五排放标准小型非营运二手车的迁入限制；登记注册住所和经营场所在二手车交易市场以外的企业可以开展二手车销售业务；经营范围统一为"汽车销售"，不再区分新车与二手车；商务部门要及时将备案企业信息推送至公安机关、税务部门。至此，二手商用车面临的政策瓶颈已经突破，企业开展二手车业务的资质、车牌、发票等系统问题都将得到解决。2023年1月1日起，对自然人在一个自然年度内出售持有时间少于一年的二手车达到3辆及以上的，汽车销售企业、二手车交易市场、拍卖企业等不得为其开具二手车销售统一发票，不予办理交易登记手续。一系列相关举措的颁布实施，标志着我国基本完成二手车流通体系的顶层设计，为二手商用车产业的发展扫清了障碍。

5.4.2　二手商用车鉴定评估

中国汽车流通协会自2015年开始起草的《二手商用车鉴定评估技术规范》作为行业评估标准，如今已经完成了重型、中型、轻型、微型货车，大型、中型、轻型、微型客车以及挂车的评估标准，同时对新能源商用车也进行了全面兼容。

二手商用车鉴定评估的标准化是推进我国二手商用车行业建立最佳秩序、促进行业共同效益而开展的制订并应用标准的基础性活动，是保障我国二手商用车行业实现可持续性发展的重要手段。《二手商用车鉴定评估技术规范》为国有资产处置、交通运输管理、商用车资产评估、以旧换新、二手商用车交易、司法拍卖、二手商用车经纪、大型运输企业的车辆处置、保险理赔估值等领域提供合法、科学、有效的工具和方法。

一、二手商用车鉴定评估流程

商用车辆的价值评估，在商用车整体生命周期中，不仅有金融业务时点的评估价值，更有价值定位和商用车辆使用周期管理、车辆购销时点的推荐参考作用，较之乘用车，商用车作为生产资料，管理职能需求多于消费乘用车辆，其业务价值持续和有效。二手商用车鉴定评估流程如图5-5所示。

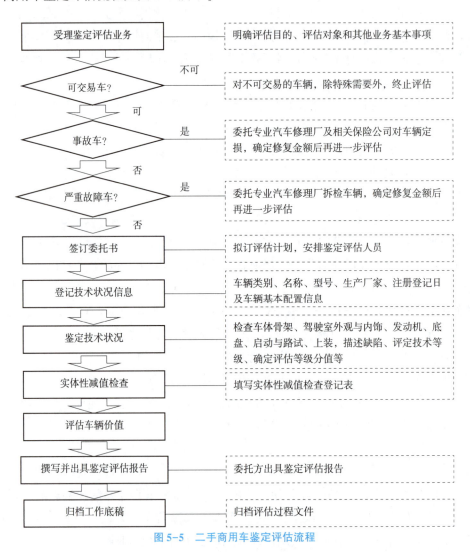

图5-5　二手商用车鉴定评估流程

二、二手商用车价格评估方法

1. 重置成本法

重置成本法是指在现时条件下重新购置一辆全新状态的被评估车辆所需的全部成本，减去该被评估车辆的各种陈旧贬值后的差额作为被评估车辆现时价格的一种评估方法。这种方法是二手商用车评估经常使用的方法。

2. 现行估价法

现行估价法是指以同款式、同年份、同使用期限的车辆在二手车市场上的平均价格为基础，再考虑所评估车辆的现时技术状况评定系数，以平均价格乘以系数从而判定车辆价格。这种方法是二手商用车评估经常使用的方法，也是最贴近于市场真实价格的方法，不过有一个前提条件是要具备大量的市场真实交易数据作为样本，这样的平均价格更具代表性。

3. 收益现值法

收益现值法是将被评估的车辆在剩余寿命期内预期收益，折现为评估基准日的现值，借此来确定车辆价值的一种评估方法。现值既为车辆的评估值，现值的确定依赖于未来预期收益。从原理上讲，收益现值法是基于这样的事实，即人们之所以占有某车辆，主要是考虑这辆车能为自己带来一定的收益。如果某车辆的预期收益小，车辆的价格就不可能高；反之车辆的价格肯定就高。投资者投资购买车辆时，一般要进行可行性分析，其预计的内部回报率只有在超过评估时的折现率时，投资者才肯支付货币额来购买车辆。

任务实施

要了解商用车衍生服务的相关知识，正确地制定商用车衍生服务方案，熟练地向客户推荐商用车衍生服务方案，建议采用以下学习方法：

商用车促成成交学习视频

1. 小组训练

采用角色扮演法训练，根据客户的现状和需求，制定商用车衍生服务方案，并向客户推荐。

2. 手册学习

观察并收集商用车相关信息，填写商用车推荐介绍作业表，如表5-7所示，练习车辆推荐。

表5-7　商用车衍生服务方案作业表

姓名		班级		学号	
组别				日期	

（一）商用车保险服务方案

序号	险别名称	保险金额/元	保费/元

（二）商用车金融服务方案

新车售价		首付比例		首付金额	
贷款融资额		保证金比例		保证金金额	
合同年利率		贷款期限			
合同年利率对应月息					
合同年利率对应贷款利息		厂家贴息上限		实际贴息额	
贴息后对应实际贷款利息				贴息后对应实际月供	
客户实际年利率		客户实际年利率对应月息		客户首期费用	
内部收益率					

（三）二手商用车鉴定与评估

1. 鉴定评估基本信息确认

序号	检查项目	检查记录	序号	检查项目	检查记录
（1）	所有人身份证明		（7）	车船税	
（2）	行驶证		（8）	商业险	
（3）	机动车登记证书		（9）	年检合格标志	
（4）	交强险保单		（10）	交强险标志	
（5）	原车发票		（11）	车钥匙	
（6）	购置税完税证明		（12）	检查车架号	

续表

2. 可交易车辆判别

序号	检查项目	判别分类	
		是	否
（1）	是否达到国家强制报废标准		
（2）	是否为抵押期间或海关监管期间的车辆		
（3）	是否为人民法院、检察院、行政执法等部门依法查封、扣押期间的车辆		
（4）	是否为通过盗窃、抢劫、诈骗等违法犯罪手段获得的车辆		
（5）	是否为走私或非法拼、组装车辆		
（6）	是否为法律法规禁止经营的车辆		
（7）	发动机号与机动车登记证书登记号码是否不一致（或有合法手续），且有凿改痕迹		
（8）	车辆识别代号或车架号码与机动车登记证书登记号码是否不一致（或有合法手续），且有凿改痕迹		
（9）	是否有合法、真实的车辆法定证明，有无涂改痕迹		

3. 事故车判别

序号	检查项目	判别分类	
		是	否
（1）	驾驶室是否存在严重开裂变形，驾驶室加强梁是否受损		
（2）	发动机、变速器是否有移位、破损		
（3）	车体是否存在倾斜现象		
（4）	车桥是否存在移位现象		
（5）	车架是否存在开裂或变形		
（6）	减震器悬挂部位是否变形		
（7）	其他事故缺陷		

4. 严重故障车判别

序号	检查项目	判别分类	
		是	否
（1）	驾驶室翻转装置是否失效		
（2）	发动机机体是否有严重漏油、漏水、漏气现象？机油是否有冷却液混入		
（3）	发动机附件是否有严重漏油、漏水、漏气现象		
（4）	底盘大梁或传动轴等是否有严重变形		
（5）	仪表指示是否异常（包括水温、油压、气压等）？是否有故障报警		
（6）	制动系统是否异常？制动是否跑偏		
（7）	行驶中是否存在严重抖动或严重跑偏		
（8）	其他严重故障		

5. 二手商用车价格评估			
技术状况综合评价分值		实体性减值	
技术状况评定等级		估算方法	
技术成新率		鉴定评估价格	

任务评价

各学习小组针对小组训练与手册完成情况进行展示与互相评价，填写表5-8。

表5-8　商用车衍生服务方案评分表

序号	评价项目	评价指标	标准分	自评	互评	师评	合计
1	职业素养 （20%）	认真制订计划，执行力强	4				
		能够进行团队协作，有责任意识	4				
		擅于沟通表达，相互分享	4				
		遵守行业规范，现场7S管理	4				
		会收集信息，解决问题	4				
2	专业能力 （70%）	能正确制定金融方案并推荐	20				
		能正确制定保险方案并推荐	20				
		能正确进行二手商用车鉴定评估	20				
		能进行其他服务方案推荐	10				
3	创新意识 （10%）	具备创新性思维与行动	10				

任务测试

一、填空题

1. 为了鼓励被保险人及其驾驶人员在行车的过程中严格遵守交通规则，安全行车，各国的机动车辆保险业务中均采用＿＿＿＿＿＿＿＿＿＿＿制度。

2. 机动车保险有主险和附加险之分，只有在投保了＿＿＿＿＿＿＿的基础上，方可投保车上人员责任险、车上货物责任险、无过失责任险、车载货物掉落责任险等险种。

3. 机动车第三者责任保险的责任限额由＿＿＿＿＿＿＿和＿＿＿＿＿＿＿＿在签订保险合同时，按保险监管部门批准的限额档次协商确定。

4. ＿＿＿＿＿＿＿＿＿＿＿是指保险车辆在使用过程中，发生车辆损失险责任范围内的保险事故，造成车上新增加设备的直接损毁时，保险人在保险单该项目所载明的保险金额内，按实际损失计算赔偿的保险。

5. 一般来说，商用车使用后_____年是二手商用车密集交易期，90%以上的各类商用车交易，在该期限内完成。

二、选择题

1. 可以不投保机动车交通事故责任强制保险的是（　　　）。

A. 牵引车　　　B. 挂车　　　C. 微型货车　　　D. 摩托车

2. 商用车客户贷款的还款来源为（　　　）。

A. 个人收入　　　B. 车辆运营成本　　　C. 车辆运营收入　　　D. 厂家贴息

3. 按货物对温度的要求，冷藏车可分为（　　　）。

A. 保鲜类　　　B. 冷鲜类　　　C. 冷冻类　　　D. 深冷冻

4. 二手商用车评估经常使用的方法有（　　　）。

A. 重置成本法　　　B. 现行估价法　　　C. 收益现值法　　　D. 现行市价法

5. 在危化品物流运输中，厢式专用货车一般运输（　　　）等固体类危化品。

A. 工业炸药　　　B. 雷管　　　C. 烟花爆竹　　　D. 汽油

6. 2019年交通运输部、国家发展改革委、财政部联合发布了《关于进一步优化鲜活农产品运输"绿色通道"政策的通知》，对（　　　）进行了规范。

A. 运输的优惠政策　　　　　　　B. 运输的企业资质

C. 运输的管理方式　　　　　　　D. 运输的货物范围

三、判断题

1. 只要经过检验安全技术指标合格的车辆均可投保机动车辆损失保险。（　　　）

2. 车上货物责任险是指被保险人或其允许的合格驾驶人在使用保险车辆过程中，所载货物从车上掉落致使第三者遭受人身伤亡或财产的直接损毁，依法应当由被保险人承担的经济赔偿责任，保险人在保险单所载明的本保险赔偿限额内负责赔偿。（　　　）

3. 当主车和挂车连接使用时视为一体，发生保险事故时，由主车保险人和挂车保险人按照保险单上载明的机动车第三者责任保险责任限额的比例，在各自的责任限额内承担赔偿责任，但赔偿金额总和以主车的责任限额为限。（　　　）

4. 商用车托管服务专注于车辆的运营，能让车辆的出勤率最佳化，提倡的是主动预防模式的维修保养，全生命周期维护车辆的正常运营，高效保障车辆的运营效率，解决了因车辆维护保养不善而影响收益的问题。（　　　）

四、问答题

1. 简述商用车保险的作用与意义。

2. 简述商用车金融与乘用车金融的区别。

任务6

商用车销售促进

 **任务导入**

销售促进职业岗位是企业因销售促进工作的需要而设置的，尽管处于企业营销组织体系的末端，但是在贯彻落实企业促销战略和计划、实现企业经营目标的过程中，正扮演着越来越重要的角色。

 **任务描述**

小张是东风柳汽商用车经销公司的一名销售人员，他的工作内容涉及多方面，例如，客户接待与咨询、销售谈判与成交、数据记录等。如果举行营销活动，他还需要为活动做一些准备，例如，活动策划与执行、宣传与推广、活动后续跟进等。如果你是小张，请思考你需要掌握哪些技能来胜任此项工作。

 **任务目标**

知识目标

1. 理解销售促进的定义和特点。

2. 认识销售促进职业岗位。

3. 掌握销售促进工作岗位职责。

4. 了解销售促进的工作过程。

5. 了解商用车销售的促进方法，包括人员促销、广告促销、活动促销等。

6. 了解每种促销方法的优缺点、适用情况和实施步骤。

7. 了解销售成交后进行效果评价的方法和工具知识及能力的要求。

技能目标

1. 能够根据不同的销售情况和目标，选择合适的促销方法并实施。

2. 能够制定和实施促销活动，并对活动效果进行评估和反馈。

3. 能够运用市场分析和数据分析的方法，对销售成交情况进行定量分析和预测。

素养目标

1. 具备奉献精神、创造精神和奋斗精神。

2. 具备坚持系统观念的素养。

3. 具备系统思维和法治思维。

6.1 销售促进概述

6.1.1 销售促进的定义

销售促进是营销活动的一个关键要素。长期以来，由于翻译原因，销售促进有很多叫法。在国内早期市场营销及相关著述中，它被翻译成营业推广、促进销售、营业提升、促销推广、促销等。而国内学术界和管理界最常用的就是"促销"。其实，即便在国外学术性论文中，也有类似的习惯用法。但是，在市场营销理论中，促销与销售促进是有区别的。

1. 促销的分类

狭义的促销仅指销售促进。

广义的促销则包括：销售促进、广告、人员推销和公共关系四大促销组合工具。

销售促进是营销活动的一个关键因素。如果广告提供了购买的理由，而销售促进则提供了购买的刺激。

2. 销售促进的工具

销售促进包括消费者促销（样品、优惠券、现金返回、价格减价、赠品、奖金、光顾奖励、免费试用、产品保证、产品陈列和示范）、交易促销（购买折让、广告和展示折让、免费产品），以及业务和销售员促销。

对于商用车，总的来说商用车销售促进是指在商用车销售过程中，采取各种营销手段和策略，以激发消费者的购买欲望，提高商用车销售的效率和销售额，进而达到增加企业盈利和市场占有率的目的。商用车促销海报如图6-1所示。

图 6-1　商用车促销海报

6.1.2　销售促进的内涵与实质

促销是对顾客购买行为的短程激励活动；促销是一种战术性的营销工具；促销是利益驱动购买；促销是追求结果的销售行为；促销对冲动性购买有效；促销不以营建品牌为宗旨；促销是"AIDA 法则"的体现；促销是在价格杠杆上跳动的芭蕾舞，尽管千姿百态，但离不开价格利益。

总的来说，促销就是为了扩大销量而使用的方法，是一种市场竞争手段。其可以破除"购买习惯"，是促成第一次购买的好工具。促销不是为了提高产品知名度，而是为了让顾客接受产品。

AIDA 法则

AIDA 法则又称"爱达"公式，是指一个成功的销售人员必须吸引或将顾客的注意力转向商品，使顾客对销售人员销售的产品感兴趣，进而产生购买欲望，促进购买行为的实现，如图 6-2 所示。

A 指 Attention，意指注意；

I 指 Interest，意指兴趣；

D 指 Desire，意指欲望；

A 指 Action，意指行动。

图 6-2   AIDA 推销模型

促销实质上是一种沟通活动，即营销者（信息提供者或发送者）发出作为刺激物的各种信息，把信息传递给一个或更多的目标对象（即信息接受者，如听众、观众、读者、消费者或用户等），以影响其态度和行为。

营销者为了有效地与消费者沟通信息，可采用多种方式加强与消费者的信息沟通，以促进产品的销售。例如，可通过广告传递有关企业及产品的信息；可通过各种营业推广方式加深顾客对产品的了解，进而促使顾客购买其产品；可通过各种公关手段改善企业或产品在公众心目中的形象；可派遣推销人员面对面地说服顾客购买其产品。

常用的促销手段有广告、人员推销、营业推广和公共关系。企业可根据实际情况及市场、产品等因素选择一种或多种促销手段的组合。

6.1.3   销售促进的市场作用

销售促进在市场中发挥着多方面的重要作用，它通过各种促销手段和活动，刺激消费者的购买欲望和需求，以达到提高销售业绩的目的。这些市场作用包括以下几方面。

1. 缩短产品入市时间

销售促进可以通过引起广泛关注和积极反应，加快产品上市的时间。通过迅速推出产品，企业可以在市场上占据先机，获得更大的市场份额。

2. 激励消费者初次购买

销售促进活动可以通过各种吸引人的优惠和奖励，吸引消费者尝试购买新产品。这

样一来，初次购买率得以提高，而且消费者对产品的认知和体验将为未来的销售打下坚实基础。

3. 激励使用者再次购买

销售促进不仅可以促使初次购买，还能通过持续的优惠和回馈措施，提高产品的回购率。消费者在享受购买体验的同时，也更愿意成为忠实的回头客，增加产品的复购率和消费者的忠诚度。

4. 提高销售业绩

作为显而易见的结果，销售促进活动可以刺激消费者的购买行为，从而直接提高销售业绩。这对企业而言是至关重要的，因为稳定增长的销售业绩是公司发展和壮大的关键因素。

5. 侵略/反侵略竞争

销售促进可以成为竞争对手之间一场精彩的角逐。企业可以通过推出更具吸引力的促销活动，进攻竞争对手的市场份额，博得消费者的青睐。同时，企业也能利用销售促进来防御竞争对手的进攻，巩固自身在市场上的地位。

6. 带动相关产品市场

销售促进不仅能够直接提高特定产品的需求，还能通过激发消费者的购买意愿，带动相关产品的销售。这种良性循环可以为整个产业链带来增长和发展。

7. 节庆酬谢

在特定的节日或纪念日，企业提供折扣、礼品等形式的回馈，不仅可以拉近与消费者的距离，也能增强品牌形象和消费者的好感度。这种情感上的联系会在消费者心中留下美好的印记，从而影响其未来的购买决策。

总体而言，销售促进在市场中发挥着不可或缺的作用。通过激发购买欲望、提高消费者的忠诚度，以及推动产品销售和市场竞争，企业能够获得更为稳健的业务增长，同时也为消费者提供更多的选择和实惠。然而，企业在开展销售促进活动时需要谨慎，确保促销策略与长期经营目标相符，从而可实现持续的市场成功。

6.1.4 商用车销售促进工作流程

商用车销售促进的工作流程是一个系统性的过程，主要包括以下几个步骤。

1. 确定促销目标

在商用车销售促进的开始阶段，企业需要明确促销的目标。这些目标可以基于市场需求、企业的销售计划和整体营销策略来制定。常见的促销目标包括增加销售额、提高市场份额、增加新客户数量或者提高现有客户的忠诚度和满意度。

2. 制定促销策略

制定促销策略是根据确定的促销目标来设计合适的推广方法和策略。这包括选择促销方式，如降价优惠、赠送礼品或服务、特别定制等。同时，还需要确定促销时间及促销内容，如特定车型或配套服务的推广等。

3. 宣传促销活动

一旦促销策略制定好，企业需要通过多种渠道和媒体向目标客户宣传促销活动，以确保信息传播广泛且有效。这些渠道可以包括广告、社交媒体、电子邮件、展览会、经销商网络等。

4. 营销活动执行

在宣传阶段之后，正式进入营销活动的执行阶段。根据制定好的促销方案和时间表，企业会开展一系列促销活动，吸引目标客户前来参观、了解产品并购买商用车。这可能涉及展示会、产品演示、试乘试驾、推出特别套餐等活动。

5. 促销效果评估

在促销活动执行之后，企业需要对促销效果进行评估。这包括收集数据并分析销售额、市场份额的变化，同时关注客户的满意度和反馈。通过这些评估指标，企业可以判断促销活动的成效，了解促销策略的有效性，并根据需要对策略进行调整和优化。

整个商用车销售促进的工作流程是一个动态的过程。从明确目标、制定策略、宣传活动到执行和评估，企业需要不断优化和改进各个环节，以实现更好的促销效果，并提升品牌在市场中的竞争力。

6.1.5　商用车促进工作内容

商用车销售促进的主要工作内容是一个综合性的过程，涵盖了多个重要步骤和方面。

商用车自媒体
短视频

1. 市场调研

商用车销售促进的第一步是进行市场调研。通过市场调研，企业可以深入了解消费者的需求、偏好和行为习惯，同时还能对竞争对手的产品、定价和促销策略进行分析。这样的数据和信息将为后续的销售促进活动提供宝贵的基础数据和决策支持。

2. 产品推广

产品推广是商用车销售促进的核心内容之一。企业需要通过多种渠道和媒体，如广告、电视、报纸、社交媒体等，宣传企业的商用车产品，提高产品的知名度和美誉度。有效的产品推广可以吸引更多潜在客户的注意，提升客户对产品的认知度。

3. 促销策略制定

根据市场调研和企业销售计划，企业需要制定出适合市场的促销策略。这包括确定促销的方式，如特价促销、套餐优惠、赠送礼品或服务等，以及确定促销的时间和内容。合理的促销策略可以有效地吸引目标客户，并提高购买意愿。

4. 活动策划

活动策划是商用车销售促进中不可或缺的一环。企业可以策划各种促销活动，如商用车展览会、车型推介会、产品讲座、推广活动等。这些活动可以吸引潜在客户前来参加，提供更直观的产品展示和购买体验，从而进一步促进销售。

5. 实施销售促进活动

实施销售促进活动是商用车销售促进的核心步骤。企业可以通过特价促销、礼品赠送、广告宣传、试乘试驾等方式，吸引潜在消费者，增加购买意愿，并促成交易的完成。在这个阶段，销售团队的专业素质和销售技能至关重要。

6. 跟踪销售情况

销售促进活动结束后，企业需要对活动的实际效果进行跟踪和评估。通过收集数据和反馈意见，包括销售额、市场份额、客户满意度等指标，企业可以了解活动的实际效果，并找到改进的空间。这样的反馈和经验将为下一轮的销售促进活动提供重要的参考依据。

7. 客户服务

提供优质的售前和售后服务是商用车销售促进过程中不可或缺的环节。客户满意度和忠诚度对于长期发展至关重要。通过及时响应客户的需求，解决问题和提供周到的服务，企业可以增加客户的满意度，并促进客户的再次购买和口碑传播。

8. 销售管理

销售管理是保障商用车销售顺利进行的重要环节。企业需要对销售团队进行管理和培训，提高销售人员的专业素质和销售技能。销售团队的高效运作可以提高商用车销售额和销售效率，实现更好的销售业绩。

综合来看，商用车销售促进涵盖了多个方面，从市场调研、产品推广、促销策略制定，到活动策划、实施销售促进活动、跟踪销售情况，再到客户服务和销售管理。这一系列有机衔接的工作内容将帮助企业有效提升商用车销售业绩，增强市场竞争力。

6.1.6 商用车销售促进的工作方法

一、广告宣传

广告宣传是商用车销售促进中最常见且有效的手段之一。通过广告宣传，可以提高商用车品牌的知名度，更好地传达产品信息、品牌价值和优势，吸引潜在客户的兴趣和购买欲望，从而促进商用车的销售增长。广告宣传可以通过多种渠道进行，包括但不限于电视、报纸、杂志和户外广告等。商用车广告宣传海报如图6-3所示。

图6-3　商用车广告宣传海报

二、促销活动

促销活动是商用车销售促进的核心手段之一。它可以采用多种形式，如特价促销、满减优惠、赠品促销等，旨在吸引消费者购买商用车。除了这些常见的促销形式，还可以采取其他有创意和个性化的促销活动，根据市场需求和目标客户的特点进行调整和定制，如图6-4所示。如试驾活动、限时优惠、客户回馈等，通过这些促销活动，商用车销售人员可以增加产品的吸引力，促进销售量的增长，并吸引更多消费者选择购买商用车。

图6-4　销售促进礼品信息

三、客户关系维护

在商用车销售促进中，客户关系维护是至关重要的一项内容。通过建立和维护良好的客户关系，可以增强客户的忠诚度，并提高他们的复购率。常见的客户维护方式有以下几种。

1. 个性化服务

了解每位客户的需求和偏好，并为他们提供个性化的服务。这意味着关注客户的特定需求，提供定制化的建议和解决方案，并维护客户的满意度。

2. 定期沟通

与客户保持定期的沟通是维护客户关系的关键。通过与客户保持联系，持续了解客户的需求、反馈和变化，可以及时回应他们的问题和关切，建立起更紧密的合作关系，如图6-5所示。

图6-5　品牌客户日

四、数字化营销

在商用车销售促进中，数字化营销是一种新趋势。通过使用数字化营销手段，如社交媒体、搜索引擎营销、直播营销等，可以提高商用车品牌的知名度，并吸引消费者的购买欲望。现阶段常见的数字化营销包括以下内容。

1. 社交媒体营销

利用社交媒体平台，如微信、QQ等，与潜在客户和现有客户进行互动和沟通。也可以建立客户群组，为客户提供交流的同时，可以通过发布内容、分享商用车的特点和优势，以及回答客户的问题，增强品牌的曝光度和影响力。

2. 搜索引擎营销

通过优化网站的搜索引擎排名，使商用车相关的关键词在搜索结果中排名靠前。这有助于提高品牌的可见性，吸引潜在客户通过搜索引擎找到商用车的相关信息，进而增加购买的意愿。

3. 直播营销

直播营销是指利用实时视频直播平台（如抖音、快手、视频号等）进行产品或服务的宣传和推广活动，如图6-6所示。通过直播，销售人员可以与观众实时互动，展示产品特点、解答疑问，并通过促销活动吸引观众的购买兴趣。直播营销能够创造身临其境的购物体验，增强消费者的参与度和购买决策的信心。

商用车直播营销

图6-6　商用车品牌抖音首页

4. 网络广告

通过投放广告，如公众号广告、视频广告植入、网页广告等，来增加商用车品牌的曝光度。利用网络广告平台的定位和投放功能，可以精确地将广告展示给目标受众，提高广告的效果和转化率。

6.2　人员促销

　　人员促销是商用车销售促进中最直接的促销手段之一，是指商用车销售人员通过个人魅力和专业知识，与潜在客户进行沟通、交流，引导客户了解产品特点和优势，从而提高客户购买意愿的一种销售策略。在商用车销售中，人员促销是非常重要的一环，因为它能够直接影响客户的购买决策。

6.2.1　人员促销的重要性

　　商用车销售是一项涉及技术、价格等方面的复杂过程，需要专业知识和技能的支持。而商用车销售人员就是承担这项任务的重要人力资源。商用车销售人员的专业知识、个人魅力和服务态度等因素直接影响到客户的购买决策。在激烈的市场竞争中，商用车销售人员通过专业的销售技能和服务态度，能够在客户中树立良好的个人形象和品牌形象，从而提高销售量和市场份额。

6.2.2　人员促销的技能掌握

　　人员促销主要包括以下几个方面。

1. 产品知识的学习和掌握

　　商用车销售人员需要深入学习和掌握与产品相关的知识，包括技术参数、功能特点、使用方法等。这样，他们在与客户进行交流时可以清晰、准确地介绍产品，也能随时回答客户的问题和疑虑。产品的技术参数包括：车辆的引擎性能、承载能力、燃油效率等方面的指标。这些内容可以帮助销售人员向客户解释商用车的动力和适用范围，使客户能够更好地了解车辆的性能特点。

　　同时，了解商用车的功能特点也是必要的。这涉及车辆的安全性能、驾驶舒适性、载货能力，以及可选的附加功能等。销售人员应清晰地描述车辆的优势和特点，以吸引客户的兴趣，获得客户的认同。

　　此外销售人员还应该熟悉商用车的使用方法。这包括了解车辆的操作方式、维护保养要求，以及常见故障处理等。通过这样的了解，销售人员可以向客户提供实际的使用建议和解决方案，增强客户对商用车的信任度和满意度。

　　通过充分学习和掌握产品相关知识，商用车销售人员能够成为专业的顾问，能够向客户提供准确和具体的信息，满足客户的需求，并促进商用车的销售。这种专业知识的掌握也能够树立销售人员的信誉和口碑，增强客户对品牌的信任度和忠诚度。

2. 销售技巧的学习和掌握

商用车销售人员除了需要学习和掌握产品相关知识外，还需要熟练掌握各种销售技巧，这包括沟通技巧、谈判技巧和抗压能力等。在与客户交流时，灵活运用这些销售技巧，能够更好地与客户建立互信关系，增强客户的购买意愿。

（1）沟通技巧。

良好的沟通是建立有效销售关系的基础。其包括听力技巧，倾听客户的需求和关切，并能够清晰、准确地表达自己的观点和建议；提问技巧，以便深入了解客户的需求，并根据客户的反馈进行个性化的销售推荐。

（2）谈判技巧。

谈判是商用车销售过程中的重要环节。销售人员需要掌握有效的谈判技巧，能够以客户为中心，灵活应对不同的谈判场景和客户要求。这包括了解客户的利益和需求，提供合理的解决方案，并寻求双赢的谈判结果。与此同时，销售人员需要具备良好的说服力，能够以理性和情感的方式影响客户的决策。商用车商务谈判如图6-7所示。

图6-7　商用车商务交谈

（3）抗压能力。

商用车销售工作可能面临一定的竞争和挑战，销售人员需要具备抗压能力，能够在高压环境下保持冷静和专业。这包括处理客户的异议和拒绝，并能够积极应对各种销售压力。销售人员需要具备自信心和毅力，坚持努力并找到解决问题的途径。

通过学习和掌握各种销售技巧，商用车销售人员可以提升自己的销售能力，与客户

建立良好的关系，增强客户的购买意愿，并取得更多的销售成功。销售人员灵活运用这些销售技巧能够在竞争激烈的市场中脱颖而出，并为客户提供专业和个性化的销售体验。

3. 服务态度的提升

商用车销售人员的服务态度是影响客户购买决策的重要因素之一。优秀的商用车销售人员应该具备热情、耐心、细心、礼貌等良好的服务态度，能够为客户提供周到的服务，满足客户的需求，让客户感受到良好的购物体验。

6.2.3 人员促销的实施方法

销售人员采取一定的实施方法，才能最大限度地发挥人员促销的作用。下面是几种常见的人员促销实施方法。

1. 积极主动地寻找潜在客户，建立联系并维护好客户关系

商用车销售人员可以通过社交媒体、行业展会等途径，积极寻找潜在客户，并与其建立联系。在与客户交流过程中，商用车销售人员需要维护好客户关系，了解客户需求和反馈，及时解决客户问题，提高客户满意度和忠诚度。

2. 打造个人品牌形象，提高自身的知名度和影响力

商用车销售人员需要通过自身专业知识和技能的提升，打造自己的品牌形象，提高自己在客户中的知名度和影响力。商用车服务人员品牌形象如图6-8所示。商用车销售人员也可以通过发布专业知识文章、参加行业讲座等方式，扩大自己的影响力。

图6-8　商用车服务人员品牌形象

3. 灵活运用销售技巧，与客户建立互信关系

商用车销售人员需要灵活运用各种销售技巧，包括沟通技巧、谈判技巧、抗压能力等，与客户建立互信关系。在与客户交流时，商用车销售人员需要根据客户需求和个性化差异，灵活运用不同的销售技巧，提高客户的购买意愿。

4. 提供优质的售后服务，提高客户满意度

商用车销售人员需要为客户提供优质的售后服务，解决客户的问题和疑虑，提高客户的满意度和忠诚度；可以通过电话咨询、上门维修等方式，为客户提供及时有效的售后服务。

6.3 广告促销

广告促销是商用车销售中的一种重要手段，可以通过各种媒介向潜在客户传递产品信息和品牌形象，提高品牌知名度和美誉度，进而促进销售。下面是广告促销中常用的媒介和策略。

6.3.1 媒介选择

1. 电视广告

电视广告是一种直观、生动的广告形式，能够通过图像、音频和视频等多种元素，吸引观众的注意力并传递信息。商用车销售企业可以购买电视广告位，将精心制作的广告播放在受众广泛的电视频道上。高质量和有创意的电视广告能够在短时间内深刻地影响消费者，激发其购买欲望，从而带动销售。

2. 户外广告

户外广告是在公共场所展示的广告，包括广告牌、霓虹灯、车身广告等形式。商用车销售企业可以将自己的广告投放在繁华的商业街区、机场、车站等高人流量区域，甚至可以在公交车、出租车等车辆上投放车身广告。户外广告具有持久性和广泛传播性，能够吸引过往行人和车辆驾乘人员的目光，提高品牌知名度和美誉度，进而引导消费者走进销售渠道。

3. 网络广告

随着互联网的普及，网络广告成为一个重要的广告渠道。商用车销售企业可以在各

大门户网站、行业网站、社交媒体平台等地方发布广告，通过精准定位和个性化推荐，将广告精准地展示给潜在客户。网络广告可以更好地针对特定受众，减少浪费，提高广告投放效率。同时，网络广告还可以通过互动、引导链接等方式，直接将潜在客户导入销售渠道，提高转化率。

6.3.2　广告策略

广告策略中的部分内容，在 6.1.6 节中已提到。本小节将广告分策略分为品牌广告、产品广告和促销广告，这三类广告是商用车销售企业常用的方法。它们各自在品牌建设和销售促进方面发挥着不同的作用。

1. 品牌广告

品牌广告是企业用于塑造自身品牌形象的广告形式，如图 6-9 所示。商用车销售企业可以通过品牌广告在电视、户外、网络等媒体上展示企业的核心价值观、文化理念和产品特点，以此提高品牌知名度和美誉度。品牌广告的目标是使消费者对企业品牌产生积极的情感认知，并建立品牌忠诚度。这样的广告通常强调情感化和故事性，通过塑造品牌形象来打动消费者的心。

图 6-9　商用车品牌广告

2. 产品广告

产品广告是针对特定产品的广告宣传。商用车销售企业可以通过电视广告、网络广告等形式，重点展示本企业商用车产品的性能、功能和优势，以吸引潜在客户的关注和购买欲望。产品广告的目标是让消费者了解产品的特点和优势，明确产品的价值，促使消费者做出购买决策。这类广告通常注重产品的技术性和实用性，通过直观地展示和解说来传递产品的信息，如图 6-10 所示。

图 6-10　重卡广告宣传

3. 促销广告

促销广告是为促进销售而制作的广告。商用车销售企业可以通过促销广告推出一些特价优惠、赠品、购车优惠等促销活动，以吸引更多的潜在客户前来购买。促销广告的目标是在短期内刺激购买行为，增加销量。这类广告通常强调优惠和实惠，着重在促销内容和时间上，以营造紧迫感，促使消费者尽早行动，如图 6-11 所示。

图 6-11　新媒体营销海报

综合利用品牌广告、产品广告和促销广告等多种广告形式，商用车销售企业能够实现品牌建设和销售促进的双重目标。品牌广告帮助企业塑造品牌形象，增强品牌认知度和忠诚度；产品广告突出产品特点和优势，引导消费者对产品的关注和购买意愿；促销广告则在销售活动中发挥重要作用，促进销量增长。然而，企业需要根据市场和消费者需求，合理安排广告预算，制定全面的广告策略，以确保广告的有效传达和实现预期目标。

6.4 活动促销

6.4.1 活动策略

活动策略是商用车销售企业用于推广产品和促进销售的重要手段。下面是几种常用的活动策略。

1. 新产品发布会

新产品发布会是商用车销售企业推广新产品的重要方式。在发布会上，企业可以向潜在客户展示全新车型的独特特点、技术创新、安全性能等优势。通过演示和说明，潜在客户可以更直观地了解产品，并且有机会与车辆进行近距离接触。发布会通常吸引了媒体、行业专家和潜在买家的关注，为新产品的推广增添了曝光度和影响力，如图6-12所示。

图6-12　汽车产品发布仪式

2. 试乘试驾活动

试乘试驾活动是商用车销售企业常用的活动策略之一。通过试乘试驾活动，潜在客户可以亲身体验车辆的性能和功能，了解车辆的驾驶感受和安全性能，以更好地做出购买决策，如图6-13所示。

图6-13　商用车试乘试驾活动

3. 车展活动

车展活动是商用车销售企业常用的活动策略之一。通过参加车展活动，企业可以将自己的产品展示给更多的潜在客户，同时吸引媒体的关注和报道，提高品牌知名度和美誉度，如图6-14所示。

图6-14　车展活动

6.4.2　活动实施

在实施活动促销的过程中，商用车销售企业需要制定详细的方案，包括活动主题、

宣传方案、活动流程、奖品设置、参与门槛等，以确保活动的顺利开展和有效实施。下面是具体实施步骤。

1. 制定活动主题

活动主题应该与商用车产品和企业文化相符，能够吸引潜在客户的关注，引起他们的兴趣和购买欲望。例如，商用车销售企业可以选择与新能源、环保、科技等相关的主题来开展活动，以突出自己的产品特点和优势，如图6-15所示。

图6-15 开工节海报

2. 制定宣传方案

宣传方案是活动促销中不可或缺的一部分，可以有效地吸引更多的潜在客户参与活动，提高品牌知名度和美誉度。商用车销售企业可以通过各种媒介进行宣传，如电视广告、户外广告、网络广告、微信公众号、短信推广等，以达到最佳的宣传效果。

3. 制定活动流程

活动流程应该清晰明确，包括活动时间、地点、参与方式、参与门槛、奖品设置等，以方便潜在客户了解活动详情并参与其中。商用车销售企业可以通过微信公众号、官网等渠道发布活动流程，并提供在线报名和咨询服务，以便于潜在客户的参与和反馈。

4. 奖品设置

奖品设置是活动促销中的一个重要环节，可以吸引更多的潜在客户参与活动，并激发他们的购买欲望。商用车销售企业可以根据活动的主题和参与门槛，设置不同的奖品，如现金红包、实物奖品、优惠券、礼品卡等，以提高活动的吸引力和参与率，如图6-16所示。

图 6-16　营销礼品

5. 参与门槛

参与门槛是活动促销中的一个关键因素，可以筛选出真正感兴趣的潜在客户，并促使他们更加积极地参与活动。商用车销售企业可以根据活动的主题和目的，制定不同的参与门槛，如填写问卷、试驾商用车、参加讲座、购买商用车等，以吸引符合条件的客户参与活动。

6.4.3　活动后的跟进

在活动结束后，销售团队需要及时跟进参与活动的潜在客户，采取多种方式进行回访和邀约，以进一步推进销售进程，促成交易。

1. 电话和短信回访

销售团队可以通过电话或短信与活动参与者进行个人化的回访，如图 6-17 所示。在回访中，销售人员可以感谢客户的参与，并进一步了解客户的需求和购买意向。通过积极的沟通和提供更多的信息，销售团队可以推动客户进入下一步的销售阶段。

图 6-17　电话回访

2. 社交媒体跟进

销售团队可以通过微信与参与活动的潜在客户保持联系。他们可以向客户发送感谢信，表达对其参与的感谢，并提供更多关于公司和产品的信息。通过这种方式，销售团队可以继续建立与客户的关系，并提供持续的价值和互动，以增强客户的兴趣和信任。

通过及时地回访和邀约，销售团队能够与潜在客户保持有效沟通，并推动他们进入购买决策阶段。这种积极的跟进可以增加销售转化率，并为销售团队带来更多的商机和业绩。此外，通过社交媒体平台的跟进，销售团队能够借助数字化工具，更加便捷地与潜在客户保持联系，并为他们提供个性化的服务和信息。

6.4.4 活动效果评估

活动效果评估是活动促销的重要环节，通过对活动的效果进行评估和分析，销售团队可以了解活动的效果和不足之处，从而更好地优化和改进下一次的活动。常用的活动效果评估方法包括以下内容。

1. 客户反馈

销售团队可以通过与客户的互动和调查，了解客户对活动的评价和意见。这可以通过面对面的访谈、电话调查、在线问卷等方式进行。客户反馈可以帮助销售团队了解活动的吸引力、内容是否符合期望，以及客户满意度等方面的情况，从而进一步改进和优化下一次的活动。

2. 销售数据分析

销售团队可以通过对销售数据的分析，了解活动对销售的影响。销售数据分析包括活动期间销售额的变化、销售渠道的增长情况、产品销售的增加等方面的数据，如图6-18所示。通过对数据的比较和分析，销售团队可以评估活动的回报率和成本效益，从而调整和改进活动策略。

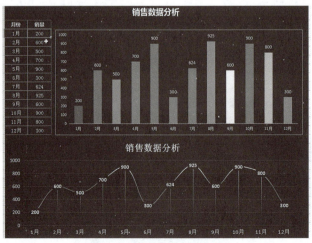

图6-18　销售数据分析案例

164

3. 竞品对比

销售团队可以通过与竞品的对比，了解自己的活动在市场上的竞争力和差距。通过对竞品活动的分析，销售团队可以了解竞争对手的促销策略、市场反应及销售表现等方面的情况。这可以帮助销售团队评估自己的活动在市场上的表现，并找到改进的空间。

4. 客户转化率

销售团队可以通过客户转化率的统计，了解活动的转化效果，即潜在客户从参与活动到实际购买的比例。通过跟踪客户转化率，销售团队可以了解活动对购买意愿的影响，以及潜在客户的购买时间和决策过程。这有助于评估活动的效果，并为下一次的活动改进提供参考。

综合使用以上的活动效果评估方法，销售团队可以全面了解活动的实际效果和客户反馈，从而不断优化和改进活动策略，提升销售业绩和市场竞争力。

6.4.5 活动促销的注意事项

活动促销是一个重要的市场推广手段，能够有效提升产品销量和品牌知名度。在开展活动促销时，销售团队需要注意以下几点。

1. 明确目标

活动促销需要有明确的目标和策略。销售团队应该设定具体的销售目标和推广效果，如提高销售额、增加新客户数量、提高客户满意度等。明确目标有助于在活动中更有针对性地开展推广活动，并更好地衡量活动的效果和成果。

2. 选对活动形式

销售团队需要根据不同产品和市场需求，选择适合的活动形式和方式。不同类型的商用车产品可能适合不同的促销活动，如新产品发布会、试乘试驾活动、车展活动等。正确选择活动形式能更好地吸引潜在客户，提高活动的效果和参与度。

3. 筹备充分

活动促销需要充分筹备，包括活动主题、场地选择、物料准备、人员安排、活动流程等方面的准备和安排。提前做好筹备工作，确保活动的顺利进行，避免出现不必要的失误和意外情况。

4. 与客户沟通

销售团队需要与客户进行充分的沟通和交流。在活动前，可以通过邮件、电话等方式邀请客户参加活动，向他们介绍活动内容和优惠措施。在活动中，积极与客户互动，了解他们的需求和反馈，以便更好地满足客户需求，提高客户满意度。

5. 跟进回访

活动结束后，销售团队需要及时跟进回访参与活动的客户。通过回访，了解客户对活动的评价和意见，同时跟进潜在客户的购买意向，进一步推动购买决策的完成。积极的跟进和回访能够提高客户的满意度和忠诚度，为下一次的活动促销奠定基础。

综合考虑以上注意事项，销售团队可以更加有效地开展活动促销，提升商用车销售业绩和市场竞争力。同时，不断总结经验教训，进行数据分析和评估，为下一次的活动促销做好更全面的准备和优化。

6.5 成交与效果评价

6.5.1 成交评价

成交评价是对每笔成交的销售交易进行评价和分析的过程，旨在确定销售人员的业绩表现，同时也可以为企业优化销售流程提供参考和改进方向。成交评价的关键在于客观、全面地分析销售数据和销售人员的综合表现，从而得出准确的结论和改进措施。

1. 评价指标

（1）销售量。

销售量是衡量销售人员业绩的重要指标之一。销售量直接反映销售人员的销售能力和业务开拓能力。较高的销售量表明销售人员在市场开发和客户开拓方面取得了良好的成果。

（2）销售额。

销售额是另一个重要的业绩指标，它反映了销售人员在销售过程中的销售技巧和客户关系管理能力。销售额的增加意味着销售人员能够成功推销高价值产品或服务，以及有效地与客户达成交易。

（3）销售毛利率。

销售毛利率是企业销售业绩中一个关键的利润指标。较高的销售毛利率表明销售人员能够在成交中获得较高的利润，同时也体现了销售人员的谈判能力和利润管理水平。

2. 评价方法

（1）定量评价。

定量评价主要基于数据分析，通过对销售数据的统计和比较，评估销售人员在销售量、销售额、销售毛利率等指标上的表现。可以设置销售目标和指标，将实际销售绩效与目标进行对比，从而了解销售人员的绩效实际完成情况。

（2）定性评价。

定性评价是基于销售人员的个人素质和工作态度等方面进行综合评估。这包括销售人员的沟通能力、客户服务态度、团队合作精神等。通过对销售人员的行为和态度进行观察和评估，可以了解其在销售过程中的表现和潜在问题。

（3）综合评价。

综合评价将定量和定性评价相结合，综合考虑销售人员在各项指标和素质上的表现。综合评价可以更全面地了解销售人员的整体业绩和潜力，为制订改进和培训计划提供指导。

通过成交评价，企业可以及时了解销售人员的业绩表现，发现问题和潜在机会，并根据评价结果采取相应的激励措施或培训计划，以持续提升销售团队的整体业绩和销售效率。同时，成交评价也可以为企业优化销售流程提供参考和改进方向，提高整体销售效果和市场竞争力。

6.5.2　效果评价

效果评价是指对于促销活动和广告宣传效果进行评价和分析的过程，以确定促销活动和广告宣传的有效性和价值。通过效果评价，企业可以了解广告和活动对目标客户的影响和吸引程度，以及是否实现了预期的宣传和销售目标。

1. 评价指标

（1）知晓率。

知晓率是指潜在客户对于促销活动或广告的知晓程度。通过访问或问卷调查等方式，企业可以了解广告和活动在目标受众中的知晓情况。高知晓率意味着广告和活动的传播效果较好，能够吸引潜在客户的注意。

（2）关注度。

关注度是指客户对于促销活动或广告的注意程度。通过观察和调查，企业可以了解广告和活动在目标受众中引起关注的程度。高关注度表明广告和活动的内容和创意吸引人，有助于提高品牌知名度和客户的兴趣。

（3）参与度。

参与度是指客户参与促销活动的程度。对于互动性强的促销活动，企业可以通过参与度评估活动的吸引力和效果。高参与度意味着活动吸引了目标客户的参与和互动，有助于加深客户对品牌和产品的印象。

（4）转化率。

转化率是指客户从了解产品或广告到最终购买产品的转化程度。通过数据分析，企业可以评估广告和活动对销售业绩的影响。高转化率意味着广告和活动成功地将潜在客户转化为实际购买者，为企业带来销售收益。

2. 评价方法

效果评价可以采用定量和定性相结合的方法。

（1）定量评价。

定量评价主要基于数据分析，通过对广告和活动的相关数据进行统计和比较，评估其效果。例如，可以通过网站流量分析、销售数据统计、问卷调查等方式收集数据，从而了解知晓率、关注度、参与度和转化率等指标的变化情况。

（2）定性评价。

定性评价是基于客户的反馈和评价，综合考虑广告和活动的创意和实施方式等因素。通过对客户的观点、感受和体验进行调查和分析，可以了解广告和活动的质量和效果。定性评价可以提供更深入的洞察和理解，帮助企业发现潜在问题和改进方向。

综合采用定量和定性相结合的评价方法，企业可以更全面地了解广告和活动的效果，为优化和改进下一次的促销活动和广告宣传提供指导和依据。在效果评价过程中，注意客观性和科学性，避免主观臆断和偏见，确保评价结果的准确性和可信度。

任务实施

要了解商用车交车整体流程，掌握重要工作环节及要点，总结并掌握交车话术、车辆物品清单、车辆 PDI 表（售前确认表）、注意事项等关键信息，完整并顺利地完成交车工作，建议采用以下学习方法。

1. 小组训练

采用角色扮演法训练，熟练地使用 FABE 介绍法和九点绕车介绍法，介绍商用车卖点，推荐车辆。

商用车完美
交车学习视频

2. 手册学习

观察并学习商用车交车整体流程、重点工作环节及要点、商用车交车话术；完善车辆物品清单表、商用车售前车辆 PDI 表、注意事项等。

交车指的是指依合同要求将车辆交付客户的过程。这一过程我们应持续地推动客户满意，为客户持续回店和推介新客户打下基础。在交车阶段销售人员需要提前做好交车前的准备工作，会同客户共同交验车辆并告知客户车辆使用与保养的相关注意事项，在此基础上请客户代为介绍新客户。

1. 交车整体工作流程（见图6-19）

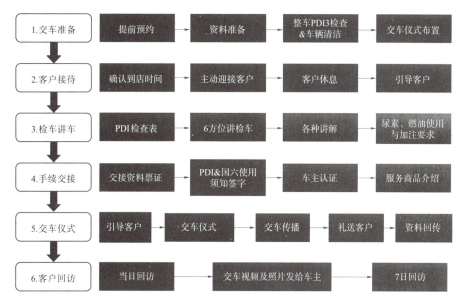

图6-19　交车整体工作流程

2. 重点工作环节及要点

（1）提前1天预约确认。

① 确定客户交车时间、随行人员、来店方式。

② 确定客户可用时间，提前请客户预留好时间。

③ 如需其余店内人员参与交车仪式应提前沟通。

④ 提前留好停车位（不管客户是否表示自行开车）。

（2）资料准备。

① 打印PDI3检查表、国六须知、交车资料清单，每种资料分别准备2份。

② 清点随车工具、随车资料、行驶证、购车发票。

③ 准备好文件袋、签字笔，确保签字笔书写流畅。

（3）整车PDI检查和车辆清洁。

① 严格按PDI检查表完整检查车辆，逐项核对，确保车辆状态良好，车辆铭牌、发票、VIN、车架号、发动机号对应。

② 做好车辆清洁检查，包括外观清洁、驾驶室内部清洁。

③ 将随车工具包放入工具箱内（如无工具箱则放入卧铺下面）。

（4）交车仪式布置和车辆装饰（体现仪式感关键内容）。

① 有条件的经销商建立交车区（参考陆航版交车区）。

② 将红花系在车头前。

③ 将红绸带系在左右两侧后视镜根部。

④ 准备交车横幅、交车钥匙。

⑤ 4S 店如有滚动 LED 屏幕，应提前协调好第二天显示交车祝福语（如"恭贺×××喜提爱车，祝×××事业兴隆、财源滚滚"等）。

（5）提前 1 小时致电客户确认到店时间。

① 欢迎客户前来提车。

② 侧面确认客户何时到店、是否自行驾车前来。

③ 确认滚动 LED 屏幕已显示交车祝福语。

④ 如客户采用非点对点交通方式（如公交车），提供客户最佳公共交通换乘路线。

（6）主动迎接客户。

① 到大门口迎接客户。

② 客户如开车指引客户到停车位停车。

③ 询问客户是否需要休息，如客户表示需要休息引导客户到休息室。

④ 为客户提供饮品。

⑤ 介绍洗手间位置、其他休息设施位置。

（7）客户休息。

① 视情况和客户寒暄（具体时长请自行把握）。

② 侧面了解客户用车历史、驾乘经历（如成交之前已经了解，本处不需要再次重复）。交车话术总结如表 6-1 所示，车辆物品准备清单如表 6-2 所示，商用车售前确认表如表 6-3 所示，告知事项作业表如表 6-4 所示。

表6-1　交车话术总结

序号	标准用语
1	（电话前调整状态，比客户更开心）×先生/女士，告诉您一个好消息，恭喜您，您的车到了
2	您过来提车时，我会为您讲解车子具体的操作及一些用车窍门，给您介绍我们售后的接待，这些对您今后用车都是很有帮助的，最后还会有一个简短隆重的仪式，大概需要××时间，您一定要预留足够的时间啊。您看什么时间方便过来？我提前把车给您准备好
3	提车那么开心的事情，您可以多带点朋友过来，让更多的人替您高兴高兴
4	对了，有一些材料您记得带过来，身份证、合同、订金收据，还有余款
5	我会尽全力帮您把一切准备好，您×日×点过来，我到时会再提前和您联系，先提前祝贺您，再见
6	×先生，您好，您预定的车辆我已经帮您准备好了，您看您什么时间方便过来？您是开车过来还是打车？

序号	标准用语
7	您好，×先生，欢迎光临！您预定的车辆我已经准备好了，您是否需要先休息呢？（客户说先休息一下）那先到休息室稍作休息，喝杯茶水。 休息室：这是我们的客户休息室，这边是休闲娱乐区，可以免费提供上网服务。洗手间在出门右转弯的位置。我们这里有咖啡、茶水、橙汁，您看几位喝点什么呢？ （客户说不需要）那我们跟您一起前去查看车辆吧（直接进入引导客户到交车区话术）
8	×先生，您眼光真好，这辆车是最新款产品，性价比很高，款式颜色也好看……恭喜您啦。您之前还驾驶过什么品牌的车子呢？ ×先生，咱们待会的交车流程是这样的，先进行车辆检查，检查完后可以交接文件及随车资料、合影留念，整个交车流程时间半个小时左右
9	×先生，您的车辆已经准备好了，请您跟我到交车区，我们一起来检查一下车辆，给您详细讲解车辆的功能配置操作，您这边请

表6-2　车辆物品准备清单

项目	具体事项
车辆清洁、整备	
随车附件准备	
证件准备	
相关凭证	

当所有物品准备齐全后，销售人员可以：_____并_____。

表6-3　商用车售前确认表（PDI表）

车型		发动机号		车架号后8位	
	一、整车项目检查			确认	问题点填写
车辆 配置	基本配置、选装及特殊要求项目检查（符合打"√"，不符打"×"）				
	检查车辆铭牌、发动机号、车辆识别代码是否清晰、与运单是否一致				
仪表项	仪表指示灯检查，是否存在故障灯亮起，具体问题点				
外观 检查	驾驶室外观及内饰是否存在掉漆、磕碰、划伤、脏污				
	整车外观和驾驶室内部整洁检查				

油水汽检查	翻转驾驶室检查顶部喇叭、导流罩（是否有拆装痕迹、室内漏水迹象）		
	前大灯、后尾灯外观检查（是否存在磕碰变形）		
	变速箱、中后桥放油口标记或封签检查（是否有拆卸痕迹）		
	燃油箱油品品质检查，燃油传感器封签检查（是否有拆装痕迹）		
	发动机机油油量、油质检查		
	水箱防冻液及膨胀水箱封签完整性检查、离合油油量检查		
	方向机油罐油量检查（低于正常值，检查管路接口是否漏油）		
	全车油、水、气渗漏检查		
底盘部分	背车复原检查（大梁、钢板、悬挂等部位，钢丝绳、胶管、铁线、棉布是否清理干净）		
	大梁漆伤是否已补漆（按部位反馈）		
	上背车前轮轮胎螺母紧固检查（重点检查）		
	前轮轮胎动平衡点检查（轮胎上的油漆点与轮螺丝上的红点对角180°）		
	上背车传动轴、横拉杆检查（检查是否有捆绑或磕碰伤）		
	备胎摇杆检查，是否被拆卸（如验车时发现拆卸要求司机复原）		
	整车完整性检查		
说明	表中所有项目需认真检查并如实填写确认，打"×"为不合格，不合格请注明存在的问题和处理方式、结果		
资料工具检查			
1. 底盘使用手册 2. 底盘质量保证手册 3. 随车工具 4. 发动机合格证、使用手册、保养手册		是否齐全：	
验收发现的其他问题：	承运司机签字：		电话：
	收货方确认所收车辆状态与上述项目的检查结果相符 经销单位盖章： 验收人签名： 日期：		

表6-4　告知事项作业表

项目	内容
车辆配置	
内饰功能	
车辆外部	
油水汽情况	
后期维护保养	
其他注意事项	

任务评价

各学习小组针对小组训练与手册完成情况进行展示与互相评价，填写评价表6-5~表6-7。

表6-5　售前确认评分表

序号	评价项目	评价指标	标准分	自评	互评	师评	合计
1	职业素养（20%）	认真制订计划，执行力强	4				
		能够进行团队协作，有责任意识	4				
		擅于沟通表达，相互分享	4				
		遵守行业规范，现场7S管理	4				
		会收集信息，解决问题	4				
2	专业能力（70%）	能够完整地检查车辆信息并记录	15				
		能及时上报车辆问题	15				
		能够进行油水汽检查	20				
		能在辅助帮助下完成底盘检查	20				
3	创新意识（10%）	具备创新性思维与行动	10				

表6-6　交车话术总结评价表

序号	评价项目	评价指标	标准分	自评	互评	师评	合计
1	职业素养（20%）	认真制订计划，执行力强	4				
		能够进行团队协作，有责任意识	4				
		擅于沟通表达，相互分享	4				
		遵守行业规范，现场7S管理	4				
		会收集信息，解决问题	4				

续表

序号	评价项目	评价指标	标准分	自评	互评	师评	合计
2	专业能力（70%）	能够利用标准用语与客户进行交车沟通	15				
		能够正确介绍车辆信息	15				
		具备良好的接待礼仪	20				
		能正确回答客户的疑问	20				
3	创新意识（10%）	具备创新性思维与行动	10				

表6-7　告知事项评价表

序号	评价项目	评价指标	标准分	自评	互评	师评	合计
1	职业素养（20%）	认真制订计划，执行力强	4				
		能够进行团队协作，有责任意识	4				
		擅于沟通表达，相互分享	4				
		遵守行业规范，现场7S管理	4				
		会收集信息，解决问题	4				
2	专业能力（70%）	能够正确向客户介绍车辆各部分功能	15				
		能够正确介绍车辆后期维护保养信息	15				
		能够清晰解答客户的疑问	20				
		对于客户异议能够进行妥善回答	20				
3	创新意识（10%）	具备创新性思维与行动	10				

任务测试

一、填空题

尽量将交车客户和看车客户分开，以免交易条件被看车客户知晓或看车客户的负面评价影响到已成交客户，尽量将交车时间安排在早晨_____，避开看车高峰期。交车时服务站人员应一同参与，销售人员借此机会将客户介绍给服务站并告知后期有什么问题联系服务站相关人员。

三日客户关怀：_____。

七日客户关怀：_____。

二、案例分析题

1. 新产品发布活动

东风柳州汽车推出了一款全新的商用车，并计划在市场上推广该产品。他们决定举办一场新产品发布活动，吸引消费者前来参观，提高品牌知名度和产品认知度。

活动时间：周末，持续一天。

活动地点：东风柳州汽车4S店。

活动主题：新品发布会。

活动流程：

（1）现场展示新款商用车，包括外观、内饰、性能等特点，向参观者介绍该车型的优点和特点。

（2）提供试乘试驾体验，让参观者实际体验该车的驾驶性能。

（3）提供优惠政策，如现场下定立减、购车赠送礼品等。

（4）开展抽奖活动，奖品包括该车型的体验机会、购车优惠等。

（5）配合广告宣传，提前在媒体上发布活动信息，吸引消费者前来参观。

请回答以下问题：

（1）请简述东风柳州汽车新品发布会的主要活动内容。

（2）该活动的主要目的是什么？如何实现该目的？

2. 节日促销活动

东风柳州汽车决定在传统节日前后开展促销活动，吸引消费者购买商用车，从而提高销售额。

活动时间：传统节日前后，持续一个月。

活动地点：东风柳州汽车4S店。

活动主题：节日促销。

活动流程：

（1）提供优惠政策，如购车立减、礼品赠送等。

（2）开展试乘试驾活动，让消费者亲身体验商用车的驾驶性能。

（3）开展优惠金融服务，如0首付、0利率等。

（4）配合广告宣传，提前在媒体上发布活动信息，吸引消费者前来购买。

请回答以下问题：

（1）请简述东风柳州汽车节日促销活动的主要内容。

（2）节日促销活动的主要目的是什么？如何实现该目的？

任务7

商用车公共关系维护

任务导入

随着世界经济朝着一体化的方向发展，企业间的竞争变得越来越激烈，传统的商业模式也发生了根本性的变化，整个经济市场开始从以产品为市场中心向以顾客为市场中心转变。在市场经济日益发达的现代社会，客户的需求日益多样化、选购产品也越来越科学化，使得企业之间市场营销的竞争变得愈加激烈，客户关系管理在企业中的地位也变得越来越重要。因此，如何通过加强客户关系管理，在激烈的市场竞争中获得优势，成为现代企业面临的一个严肃而重要的问题。

在拥有了客户以后，如何才能留住客户？如何维护客户关系促进客户的二次购买？如何减少客户流失？开发新市场、新行业、新客户是很多商用车经销商每年的重要营销工作之一，同时出现了客户留不住、没有回头客（或者很少）的问题。这就是显示出关系营销的重要性。本任务将就如何维护公共关系、如何提升关系营销的水平展开介绍。

任务描述

假设你是某商用车销售企业的营销经理，张先生是你在进行市场开发时认识的新目标客户，在获得张先生的联系方式后，作为营销经理的你应如何维护客户关系，促成订单？若张先生是你的老客户，目前处于更新设备阶段，那么你可以通过哪种客户关系维护方式，促使张先生二次购买你的产品？

任务目标

知识目标

1. 了解公共关系在商用车营销中的作用和重要性

2. 理解公共关系策略的基本概念和原则

3. 熟悉商用车行业的关键参与者和利益相关者，如政府机构、行业协会、媒体和消费者

4. 掌握公共关系活动的各种工具和渠道

技能目标

1. 能够制定和执行针对利益相关者的公共关系策略。

2. 能够了解公共关系相关的活动，并具备基础的活动开展技能。

3. 具备危机管理和公关危机处理的技巧，能够妥善处理潜在的负面情况和舆情。

素养目标

1. 具备辩证思维。

2. 具有劳动精神和奉献精神。

3. 建立品牌意识和社会责任感，能够将商用车营销与公共关系活动与可持续发展和社会贡献结合起来。

 任务相关信息

7.1 关系营销概述

7.1.1 关系营销的定义

关系市场营销，简称关系营销，是把营销活动看成一个企业与客户、供应商、分销商、竞争对手、政府机构及其他公众等发生互动作用的过程，如图7-1所示。其核心是建立和发展与上述公众长期的良好关系。

本书对关系营销的定义如下：服务商（包括经销商）以建立和保持与客户长期良好关系为目的的所有营销活动。

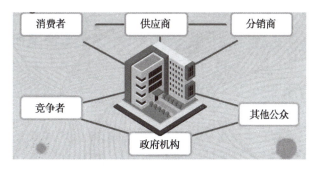

图 7-1 关系营销

7.1.2 关系营销的发展史

1985年，营销学者提出了关系营销的概念，使人们对市场营销理论的研究又迈上

了一个新的台阶。关系营销理论一经提出，迅速风靡全球。

7.1.3 关系营销的本质

1. 双向沟通

在关系营销中，沟通应该是双向而非单向的。只有进行广泛的信息交流和信息共享，才可能使企业赢得各个利益相关者的支持与合作。

2. 合作

一般而言，关系有两种基本状态，即对立和合作。只有通过合作才能实现协同，因此合作是"双赢"的基础。

3. 双赢

双赢即关系营销旨在通过合作增加关系各方的利益，而不是通过损害其中一方或多方的利益来增加其他方利益。

4. 亲密

关系能否得到稳定和发展，情感因素也起着重要作用。因此，关系营销不只是要实现物质利益的互惠，还必须让参与各方能从关系中获得情感的需求满足。

5. 控制

关系营销要求建立专门的部门，用以跟踪客户、分销商、供应商及营销系统中其他参与者的态度，由此了解关系的动态变化，适时采取措施消除关系中的不稳定因素和不利于关系各方利益共同增长的因素。

6. 信息

掌握有效的信息反馈，有利于企业及时改进产品和服务，更好地满足客户的需求。

7.1.4 关系营销的目标和对象

关系营销的目标是在客户服务的基础上，努力建立与客户的长期良好关系，并通过关系市场营销的方式实现这一目标。

关系营销的对象包括以下两个方面。

1. 客户

关系营销的核心是客户。公司希望通过不断满足客户的需求和期望，以及提供优质的产品和服务，吸引客户并保持他们的忠诚度。建立稳固的客户关系有助于提高客户满意度，促进再次购买和口碑传播，进而提高销售业绩。

2. 所有利益相关方

除了直接的客户，关系营销还涵盖所有与公司业务相关的利益相关方，如供应商、合作伙伴、员工等。与这些利益相关方建立积极的关系，可以提高业务合作的效率和稳定性，减少潜在的合作问题，并为企业带来更多机会和资源。

通过关系市场营销，企业将注重长期的互动和合作，而不仅仅是单次的交易。它强调建立信任、共赢和持久性，从而形成稳固的客户基础和业务生态圈，为企业利润持续增长和成功奠定坚实的基础。

7.1.5　关系营销的核心

关系营销的核心是以客户为中心，建立忠诚客户群体。

在关系营销中，获得忠诚客户群体通过以下三步来实现：发现客户需求——满足客户需求并获取客户满意——维系客户关系，建立忠诚客户群体。关系营销核心信息如图7-2所示。

图7-2　关系营销核心信息

1. 发现客户需求

有学者提出了决定客户全面满意的七个因素及其相互间的关系。这七个因素是欲望、感知绩效、期望、欲望一致、期望一致、属性满意、信息满意，如图7-3所示。

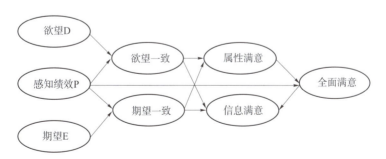

图7-3　全面满意七个因素

关系营销就是要从决定客户全面满意的七个因素及其相互间的关系入手发现客户需求。

（1）要努力使客户的欲望和感知绩效生成"欲望一致"。

（2）期望和感知绩效生成"期望一致"。

（3）在此基础上生成"属性满意"和"信息满意"，最后达到"全面满意"。

2. 满足客户需求并获取客户满意

从"决定客户全面满意的七个因素及其相互间的关系"可以看出，客户的期望和欲望与他们对产品和服务的感知绩效之间的差异程度是影响满意度的重要因素。当客户对企业提供的产品和服务的感知绩效与他们的期望和欲望相一致或超出时，他们更有可能感到满意。相反，如果感知绩效低于期望和欲望，客户可能会感到不满意。

为了取得客户满意，企业应该采取以下方法。

（1）提供满意的产品和服务：企业应该不断努力提高产品和服务的质量，确保它们符合客户的期望和欲望。通过持续改进和创新，企业可以满足客户不断变化的需求，提高产品和服务的满意度。

（2）提供附加利益：除了基本的产品和服务，企业可以提供一些额外的福利和优惠，以提高客户的满意度。这些附加利益可以是优惠券、赠品、会员积分等，使客户感受到额外的价值和关怀。

（3）提供信息通道：建立有效的沟通渠道对于获取客户的反馈和需求非常重要。企业应该提供多样化的信息通道，如客户服务热线、在线客服、社交媒体平台等，让客户能够随时反馈意见，解决问题，同时也可以通过这些渠道向客户传递有关产品和服务的信息。

通过以上措施，企业可以更好地了解客户的期望和欲望，及时调整和改进产品和服务，增强客户的感知绩效，从而提高客户满意度。不仅如此，客户满意还可以促进口碑传播和忠诚度的提高，为企业带来更多的机会和持续的业务增长。

3. 维系客户关系，建立忠诚客户群体

市场竞争的实质是争夺客户资源，维系原有客户。减少原有客户的流失，要比争取新客户更为有效。维系客户关系不仅仅需要维持客户的满意度，还必须分析客户产生满意感的最终原因，从而有针对性地采取措施来维系客户关系，这样才能建立忠诚客户群体。其方法如图7-4所示。

图7-4　维系客户忠诚的方法

7.2　商用车营销中公共关系运用

7.2.1　一级关系营销

一级关系营销是通过频繁市场营销或频率营销，利用价格等手段来吸引目标客户，并通过不断的消费来建立长期关系。在这个阶段，公共关系可以发挥作用，例如，通过积极的品牌宣传和形象塑造来吸引目标客户的注意，增强品牌美誉度，进而促使客户对产品产生信任感和忠诚度。公共关系还可以帮助企业与目标客户进行有效的沟通，解决客户的问题和需求，提供及时的售后服务，从而提高客户对企业的满意度和忠诚度。商用车线上营销如图 7-5 所示。

图 7-5　商用车线上营销

7.2.2　二级关系营销

在二级关系营销阶段，企业可以在价格吸引的基础上建立客户组织，如客户俱乐部和客户协会等。公共关系在这个阶段的运用主要集中在组织有意义的活动上，如旅游、读书会、拓展训练、经验交流等，以增加客户的黏性，如图 7-6 所示。通过这些活动，客户可以更好地了解企业、产品和服务，感受到企业的关怀和关注，从而加深与企业的情感纽带，增加客户对企业的认同感和忠诚度。

图7-6　商用车品牌举行关爱活动

7.2.3　三级关系营销

在三级关系营销阶段，企业采取更具体和结构性的方式与客户建立关系。例如，共同建立运输公司或发行会员卡等合作方式，既降低客户的成本，增加客户的收益，也提高了客户转向竞争对手的机会成本，增加了客户继续与本企业合作的收益。公共关系在这个阶段的运用可以通过有效的合作宣传和品牌联盟，增强企业与客户之间的互信和合作意愿，促进共同利益的实现。

> **案例分享**
>
> 四川乐山青松愉快物流有限公司董事长李清松说：我信赖可靠的东风商用车！
>
> "我从2002年就开始购买东风商用车，东风车质量好，产品和服务都跟得上，可靠放心。在路上你可以感受到，我们车队的东风商用车一辆接一辆，呼啸而过。"作为20年的东风商用车老客户，李清松用简单准确的语言概括了东风商用车的品质。
>
> 峨眉山资源丰富，物流业发展迅猛，2002年，李清松开始创建物流公司，做事严谨的他在购车前进行了广泛的市场调查，得知东风商用车质量好，性价比更高，服务及时，能保障车辆的高出勤率，而这些，也是物流车队对车辆的主要诉求。
>
> 尽管东风的好口碑打动了李清松，但为了确认到底哪款才是自己的"菜"，他领着车队试运营了多个品牌的重卡。经过车队全员对重卡综合性能的比较，可靠的东风成为车队主力。
>
> 李清松说："都说我独具慧眼，殊不知，这是我和东风的互相成就。"
>
> 一个品牌的温度往往在服务的细节里彰显。李清松有自己的车辆维修队，但是维修时也会出现缺少配件的情况。遇到缺件，乐山超越4S店里就会派人乘飞机前去为他雪中送炭，这也让李清松十分感动，对东风商用车的信赖倍增。

2002—2014年，李清松累计购买了300余辆东风商用车燃油车，占其车队的80%。

10多年前，李清松在公司实行了全员股份制，带动了一批人率先致富。正因为这份"做人厚道，做事乐观"的谦逊与豁达，让李清松在人生低谷时，拥有了很多不离不弃、共克难关的商业合作伙伴，东风商用车就是其中之一。

2017年，走出事业低谷的李清松创办了新的物流公司——青松愉快物流，主要承接峨眉山水泥、砂石、矿石物流运输。到2021年，仅用了短短4年，李清松便东山再起。如今，整个峨眉山每天大约有20万吨相关货物运往成都，他的车队承运量达到四分之一。

"这些年，我的'重启'与'逆袭'都少不了东风相伴。无论何时，东风商用车乐山超越4S店都和我保持着紧密联系，在公司运营等方面给予了强大助力。"李清松感叹道，"所以，我对可靠的东风人和东风产品始终充满信心。"

随着四川经济的腾飞，乐山物流市场对燃气车的认可度越来越高。"我们车队也一直在期待东风商用车推出适用的燃气车产品。"李清松对东风商用车满怀期望。

2020年年底，乐山超越4S店总经理马思远为李清松带来好消息，东风商用车推出了适用的燃气车型。得知这一消息，他立即安排车队负责人梳理公司用车情况，决定新增20辆东风商用车燃气车。

"从我告知李总这一消息到他拍板，仅用了15分钟！"马思远说道。就这样，青松愉快物流成为第一批采购燃气车的东风客户。2021年3月，车辆开始陆续交付使用，目前已有十几辆车投入运营。

青松愉快物流车队队长王先生表示，东风燃气车质量稳定，正常保养，目前没有出现过质量问题，特别省气，每百公里30多公斤燃气，跑一趟成都可以省近百元费用。本地驾驶员也表示东风燃气车驾驭舒畅，售后便捷，性价比高。

"我对峨眉山物流行业的发展前景很有信心，也对东风商用车燃气车充满信心。未来，随着事业的发展，我们的车队能够拥有300辆以上东风商用车，这样我们的盈利性也会更好。"在李清松心中描绘的蓝图里，东风商用车是必不可少的一环。

"我们也看好东风商用车的新能源车型，这是未来的趋势。"高强度的运输任务对车辆提出了更高要求，李清松期待东风商用车能不断创新。在他看来，东风车是自己创业路上的最佳伙伴，也是不变的选择。东风商用车客户如图7-7所示。

图7-7　东风商用车客户

7.2.4 关系营销的目的

一、明确关系营销的对象

关系营销是把营销活动看成一个企业与客户、供应商、分销商、竞争对手、政府机构及其他公众发生互动作用的过程，其核心是建立和发展与这些公众的良好关系。其对象包括。

（1）同行业竞争对手。

（2）潜在进入者。

（3）替代品。

（4）供应商。

（5）客户。

> **小 贴 士**
>
> **五力模型**
>
> 　　五力模型于20世纪80年代初提出，是指将大量不同的因素汇集在一个简便的五因素模型中，以此分析一个行业的基本竞争态势，如图7-8所示。该模型对企业战略制定产生了全球性的深远影响。
>
>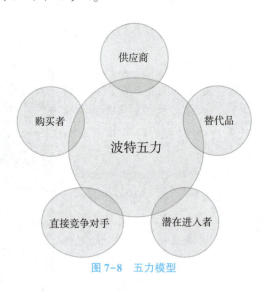
>
> 图7-8 五力模型

二、建立管理模型

1. "营销方的作用力"小于"被营销方的作用力"

在这种情况下，营销方相对较弱，被营销方拥有更大的影响能力。这可能是因为营销方在市场中地位较弱，没有足够的资源和优势，无法对被营销方产生足够的影响力。被营销方可能拥有更强大的品牌声誉、客户基础或市场份额，从而在交易中更具有话语权和议价能力。

2. "营销方的作用力"等于"被营销方的作用力"

在这种情况下，营销双方的影响能力相对平衡，彼此之间处于相对公平的地位。双方拥有相似的能力、资源和信息量，都对对方具有一定的影响力。这种平衡的影响力关系可能在竞争激烈的市场中出现，双方都需要通过优质的产品和服务来争取客户的青睐。

3. "营销方的作用力"大于"被营销方的作用力"

在这种情况下，营销方相对较强，具有较大的影响能力，而被营销方相对较弱。这可能是因为营销方在市场中拥有优势，如技术领先、品牌知名度高或客户忠诚度较强。营销方的影响力使其能够对被营销方产生较大的影响，可能通过价格优惠、增值服务等方式吸引客户。

这些作用方程引起作用力不等的原因，可能涉及以下因素。

（1）营销双方的能力。

营销方和被营销方在经营和管理方面的能力不同，影响了他们在市场中的竞争地位和影响力。

（2）在行业内的位置。

营销方和被营销方在行业中的地位和市场份额不同，这会影响他们的议价能力和市场竞争力。

（3）占有信息量的不对称。

如果一方拥有更多的市场信息和数据，可以更好地了解客户需求和市场动态，从而在交易中更具有优势。

综上所述，建立管理模型以描述营销双方的影响力是非常重要的。通过了解双方的能力、地位和信息量等因素，企业可以制定更有效的营销策略，增强自身在市场中的竞争优势，实现更加有利的营销效果。

三、明确关系营销的最终目的

企业关系营销的最终目的是使本企业在产业内部处于最佳位置，形成"营销方的作用力"大于"被营销方的作用力"，建立能够抗击或改变上述五种关系营销对象间关系的能力，这种能力是指决策的权利和行为的力量。在市场竞争中，营销作用力强的一方起着主导作用，当双方力量势均力敌时，往往采取谈判方式来影响、改变关系双方作用力的大小，从而使交易得以顺利进行。

四、建立影响力

要建立强大的营销作用力，企业必须拥有全面的业务能力，并通过服务营销形成强大的服务能力。只有这样，企业才能建立影响力，在关系营销中获得有利地位。

1. 全面的业务能力

企业的营销作用力依赖于其在市场中的竞争优势。这包括产品和服务的质量、创新能力、生产和供应链的效率、成本控制等方面。如果企业在这些方面都具备全面的业务能力，就能够提供出色的产品和服务，满足客户的需求，赢得客户的信任和忠诚。

2. 服务营销和强大的服务能力

服务营销是一种注重以优质的服务来满足客户需求的市场营销策略。通过提供卓越的售前、售中和售后服务，企业可以提高客户满意度，培养客户忠诚度，并赢得口碑传播。强大的服务能力包括专业的客户支持团队、高效的问题解决机制、灵活的售后服务等，这些都能在关系营销中起到至关重要的作用。

3. 影响力的建立

影响力是企业在市场中产生积极影响的能力。通过提供卓越的产品和服务，企业赢得客户的信任和认可，客户愿意与企业建立长期合作关系。此外，企业的声誉和品牌形象也是影响力的重要组成部分。积极的公共关系和社会责任活动有助于企业树立良好的形象，增强在市场中的影响力。

4. 有利地位的确立

全面的业务能力和强大的服务能力使企业在关系营销中处于有利地位。客户更愿意与那些能够提供稳定、可靠和优质服务的企业建立长期合作关系。同时，具备影响力的企业也能在市场竞争中占据有利地位，吸引更多的潜在客户，并促进业务的持续增长。

总之，建立强大的营销作用力需要全面的业务能力和强大的服务能力。通过服务营销，企业可以提高客户满意度和忠诚度，建立良好的关系，从而在市场中获得有利地位并实现可持续发展。影响力的建立也是至关重要的，它将进一步加强企业在关系营销中的影响力和竞争优势。

7.2.5 关系营销的特点

一、与客户建立和保持长期的良好关系

关系营销具有以下特点。

1. 长期性

关系营销强调在交易结束后，与客户建立长期的合作关系。客户不再只是单次交易

的对象，而是被视为终身的合作伙伴。通过持续地满足客户的需求和期望，建立信任感和忠诚度，企业可以在客户心中树立良好的形象，使客户愿意与企业保持长期的合作关系。

2. 互动性

关系营销强调客户是营销活动的参与者或合作伙伴，而非被动的接受者。企业与客户之间是互动的关系，双方通过互动来影响对方的行为。有效的关系营销需要善于进行客户管理，即根据客户的需求和欲望、成本、便利，以及与客户的沟通来进行营销活动。这种互动性有助于企业加强与客户之间的联系，提高客户的参与度和忠诚度。

有效的关系营销要善于进行客户管理——4C管理，即客户营销，包括客户的需要与欲望、客户的成本、客户的便利、营销者与客户的沟通。4C相关理论如图7-9所示。

图7-9　4C相关理论

3. 过程性

关系营销强调营销过程的完整性和连续性。从交易开始到关系的建立，再到客户消失，都是关系营销的管理范围。这意味着企业需要在整个过程中不断地维护和加强与客户的关系，不仅仅是一次性的交易，而是对客户进行持续的关怀和服务。因此，关系营销适用于耐用品和服务的营销，而不仅仅局限于单次交易。

4. 价格非敏感性

通过建立稳固的关系，关系营销在交易过程中增加了"利益"因素，使客户对价格变得不那么敏感。当客户与企业之间建立了信任和合作的关系，他们更愿意为获得更好的产品和服务而支付合理的价格。客户开始看重产品和服务本身带来的价值，而不仅仅是价格上的优惠。

总的来说，关系营销是建立在长期、互动、过程性基础上的营销策略，通过与客户建立良好的关系，提高客户的忠诚度和满意度，从而在市场竞争中获得有利地位，并减轻价格对决的压力。

二、关系营销对客户的价值

关系营销对客户的价值体现在以下几个方面：稳定感、安全感和保证感。

1. 稳定感

关系营销强调建立长期的稳固关系，让客户感受到企业的长期承诺和关怀。这种稳定感使客户对企业产生信任，相信企业会持续提供优质的产品和服务。客户不再需要频繁地寻找其他供应商，而是选择与企业长期合作，从而稳定了企业与客户之间的关系，确保了持续的业务合作。

2. 安全感

通过关系营销，企业能够深入了解客户的需求和喜好，提供个性化的产品和服务。客户在与企业建立稳固关系后，会感受到企业对他们的了解和关注，从而安全感得以提高。他们知道自己的需求将得到满足，不用担心在与企业合作中出现差错或问题。这种安全感让客户更加放心地与企业合作，提高了满意度和忠诚度。

3. 保证感

关系营销强调企业对客户的承诺和保证。企业通过建立良好的关系，表达对客户的关心和重视，以及对产品和服务质量的承诺。客户在与企业建立关系后，获得了一种"保证感"，即企业会尽最大努力满足他们的需求，并提供高品质的产品和服务。这种保证感让客户更加愿意选择企业作为长期合作伙伴，确保了企业与客户之间的稳固关系。

综上所述，关系营销对客户的价值在于给予客户稳定感、安全感和保证感。这些价值让客户愿意与企业建立长期的合作关系，提高了客户对企业的满意度和忠诚度。通过关系营销，企业可以在竞争激烈的市场中脱颖而出，形成与客户之间长久稳固的互动关系，为企业的持续发展和成功打下坚实基础。

三、关系营销对经销商的价值

1. 稳定的客户群体和不断的服务需求

通过关系营销，经销商可以与客户建立长期稳固的合作关系。这样的合作关系使经销商拥有了稳定的客户群体。客户愿意与经销商建立长期合作关系，因为他们对经销商的产品和服务有信心，感受到了关怀和专业性。这些稳定的客户会不断产生服务需求，因为他们信任经销商并愿意购买其产品和服务。这样的稳定客户群体为经销商带来了持续的收入来源，增加了经销商的经济利益。

2. 稳定的客户群体带来口碑传播和客户群体的不断扩大

稳定的客户群体对经销商口碑传播非常重要。满意的客户往往会主动向他人推荐经销商的产品和服务，形成良好的口碑。口碑传播是一种非常有效的营销方式，能吸引更多的潜在客户，从而为经销商带来新的业务机会。稳定的客户群体也有助于客户群体的不断扩大。当客户对经销商的产品和服务感到满意和信任时，他们会将这种满意度和信任感传递给其他人，吸引更多新客户前来购买，从而使客户群体不断壮大。这种客户群体的扩大为经销商带来了更大的市场份额和竞争优势。

综上所述，关系营销对经销商的价值在于帮助经销商建立稳定的客户群体，从而产生持续的服务需求和经济利益。同时，稳定的客户群体也为经销商带来了口碑传播和客户群体的不断扩大，增加了经销商的市场份额和竞争优势。关系营销的实施使经销商能够在激烈的市场竞争中脱颖而出，实现可持续的业务增长。

7.3 公共关系危机管理

公共关系危机事件处理是一项在特定条件下进行的公共关系实务工作。为了更好地处理公共关系危机事件，公共关系人员有必要首先弄清楚公共关系危机事件的含义。

7.3.1 公共关系危机的含义

公共关系危机是指影响组织生产经营活动的正常进行，对组织的生存、发展构成威胁，从而使组织形象遭受损失的某些突发事件。公共关系危机现象很多，如管理不善、防范不力、交通事故等引发的重大伤亡事故；厂区火灾、食品中毒、机器伤人等引发的重大伤亡事故；地震、水灾、风灾、雷电及其他自然灾害造成的重大损失；由于产品质量或社会组织的政策和行为引起的信誉危机；等等。这些危机事件处理不当，将会对社会组织造成灾害性的后果。

美国心理学家罗伯特·罗森塔尔（Robert Rosenthal）提出，公共关系危机的本质是形象危机、信誉危机。其典型的表现形态是舆论危机，即社会传媒和社会公众对组织的负面态度和负面意见的公开报道、流传和表达。一个企业具备的公共关系能力包括沟通能力强烈的品牌意识和科学的危机管理手段。

7.3.2 公共关系危机的阶段分析模型

1. 斯蒂文·芬克"四阶段论"——PPRR 模式

（1）危机潜在期（Prevention）：公共关系工作是预防。

（2）危机突发期（Preparation）：具有四个典型特征，强度上逐渐升级、事态引起媒介注意、烦扰之事干扰正常活动和事态影响组织正面形象与团队声誉。

（3）危机蔓延期（Response）：危机管理的关键时期。这是危机过程中时间最长的一个阶段，而危机蔓延的时间取决于危机管理的有效性。良好有效的危机管理可以缩短危机蔓延期。

（4）危机恢复期（Recovery）：危机解决期，组织更需要保持警惕，及时总结经验，进行有效的预警，防止危机的复发。

2. 米特罗夫危机管理五阶段

第一阶段：信号侦测期（Signal Detection），就是通过已有的经验知识或理论知识对危机征兆进行系统的识别，确定企业是否存在危机爆发的各种信号。

第二阶段：准备和预防期（Preparation and Prevention），就是为可能实施的危机管理做好准备，采取各种措施，预防危机发生。

第二阶段：损害控制期（Damage Containment），就是当企业危机爆发后，必须通过自己的各种努力，避免或减少给企业或者企业外部利益主体带来的损失和灾害。

第四阶段：恢复期（Recovery），就是指企业通过危机恢复管理，使企业能快速地从危机中复原，实现正常的生产经营活动。

第五阶段：学习期（Learning），即企业从危机中总结经验教训，以不断改善和提高企业的危机管理能力，避免危机再次发生。

7.3.3 公共关系危机的特征

公共关系是一个组织与其相关公众之间的传播管理，其特征如图 7-10 所示。

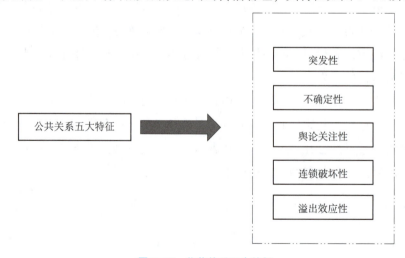

图 7-10 公共关系五大特征

1. 突发性

突发性是公共关系危机最为明显的特征。

"在逻辑上就可以说，危机必定是突发事件，然而突发事件未必就形成危机。"公共关系危机的突发性表现在两个方面。

（1）时间短。

公共关系危机一旦爆发，就会在短时间内对组织声誉、形象产生强烈冲击。由于突然发生，留给决策者需要进行决策的时间极为有限。

（2）决策者面临巨大的心理压力。

这种心理压力一方面由于决策时间紧迫，另一方面在于公共关系危机爆发后会引发舆论危机，即对组织的不良信息会通过各种渠道传播，尤其在互联网、手机短信息等传播工具日益发达的今天，危机事件会通过舆论迅速扩散，使决策者的心理压力增大。

2. 不确定性

公共关系危机不确定性包含两个方面的内容。

（1）公共关系危机呈现的状态不确定。

公共关系危机可以表现为品牌危机、信任（誉）危机、经营危机、服务危机等方面。

（2）不确定决策。

就决策科学而言，决策分为常规性（确定性）决策和非常规性（不确定性）决策两种。公共关系危机是组织的公共关系管理呈现的非常态，因此其决策本质上是一种不确定性决策。

3. 舆论关注性

公共关系强调的是组织与公众之间的双向交流与传播，而这种传播的媒介往往是大众媒体。当公共关系危机发生后，媒体的传播功能非但不会减弱，反而呈现出高度的关注性。

媒体对危机事件的集中报道会引发公众的高度关注，即媒体能够充分发挥议题设置功能。

危机状态下的组织对这种舆论关注性通常会有两类反应。

（1）能够积极配合媒体，将组织及时处理危机事件的态度、勇于承担责任的组织形象通过媒体传播给公众，利用舆论关注转危为安。

（2）表现为无视媒体的这种传播效应，拒绝与媒体合作，不提供信息或向媒体提供不真实的信息。在这种态度下，媒体的关注就会使组织的危机更加恶化。

4. 连锁破坏性

公共关系危机会产生一种连锁破坏性，它具体表现为一系列的过程。

（1）当组织的公共关系管理呈现危机状态时，组织如果不能及时发布有效的信息，公众就会因获取不了足够的信息而产生不满情绪，甚至会通过口口相传等形式散布流言、谣言，造成舆论危机。

（2）在强烈的舆论压力下，组织的危机状态将会更加恶劣，而公众的不满情绪也会随之转化为对产品或组织的不信任，造成信任危机。

（3）公众对组织产生不信任意味着其交流沟通的基础就不存在了，依照这样的发展，组织最终会面临形象危机或者声誉危机，丧失组织最为宝贵的无形资产。

5. 溢出效应性

溢出效应性表明危机不是封闭性地传播，而是发散式地传播。随着全球化的推进，信息的传播与流动将会更加突破地界与圈界。

在这种流动式的传播过程中，危机将越来越多地表现为全球性危机，其影响将不仅仅局限于危机爆发地。

任务实施

商用车跟踪
回访学习视频

1. 小组训练

采用角色扮演法训练，需能完成客户回访、客户回访意见记录、客户投诉任务，并完成相关表格。

2. 手册学习

观察并收集相关信息，填写客户回访标准表（表7-1）、客户回访意见记录表（表7-2）、客户投诉处理表（表7-3）。

表7-1　客户回访标准表

次数	时间点	具体内容
1	提车当天或次日	恭喜客户喜提爱车，询问用车感受，询问有无功能不明，告知行车安全等信息，如客户有需要可随时电话联系
2		
3		
4		

192

表7-2　客户回访意见记录表

客户姓名		购买车型		联系电话	
接待员		意见类型	服务□　　店面□	车辆本身□	其他□
客户意见详情： 客服代表：					
客户问题解决情况： 					
问题分析与改进： 					
完善措施以及二次回访情况记录： 					
二次回访情况记录					
客户满意情况：　　非常满意□　　　　满意□　　　　一般□　　　　不满意□					

表7-3　客户投诉处理表

客户姓名		联系方式		工单号	
产品型号		受理人		被投诉部门	
投诉类型		受理时间		投诉时间	
投诉内容详细描述					
客户要求					
情况核实				负责人：	
	投诉是否成立：			日期：	
处理方案：			改善措施：		
结案总结：					

任务评价

各学习小组针对小组训练与手册完成情况进行展示与互相评价，填写对应评价表（表7-4~表7-6）并完成客户洽谈成果评价。

表7-4　客户回访标准评分表

序号	评价项目	评价指标	标准分	自评	互评	师评	合计
1	职业素养（20%）	认真制订计划，执行力强	4				
		能够进行团队协作，有责任意识	4				
		擅于沟通表达，相互分享	4				
		遵守行业规范，现场7S管理	4				
		会收集信息，解决问题	4				
2	专业能力（70%）	能够按照正确的时间点回访客户	15				
		具备良好的电话沟通礼仪	15				
		能够清晰表达回访内容，并引导客户回答	20				
		能够独立完成客户回访表并获得真实信息	20				
3	创新意识（10%）	具备创新性思维与行动	10				

表7-5　客户回访意见评分表

序号	评价项目	评价指标	标准分	自评	互评	师评	合计
1	职业素养（20%）	认真制订计划，执行力强	4				
		能够进行团队协作，有责任意识	4				
		擅于沟通表达，相互分享	4				
		遵守行业规范，现场7S管理	4				
		会收集信息，解决问题	4				
2	专业能力（70%）	能够正确记录客户的问题	15				
		将问题正确下发至责任部门	15				
		进行问题分析并告知客户改进方案	20				
		可以进行二次回访并记录客户真实评价	20				
3	创新意识（10%）	具备创新性思维与行动	10				

表7-6　客户投诉处理评分表

序号	评价项目	评价指标	标准分	自评	互评	师评	合计
1	职业素养（20%）	认真制订计划，执行力强	4				
		能够进行团队协作，有责任意识	4				
		擅于沟通表达，相互分享	4				
		遵守行业规范，现场7S管理	4				
		会收集信息，解决问题	4				
2	专业能力（70%）	能够正确记录客户信息及投诉问题	15				
		分析客户需求并分析投诉是否成立	15				
		具备协调各部门提供解决方案的能力	20				
		进行事件总结和分析	20				
3	创新意识（10%）	具备创新性思维与行动	10				

客户洽谈成果评价

1. 是否知道客户的名字、地址、电话？　　　　　　　　　　是□　　否□

2. 是否了解客户家庭成员状况？　　　　　　　　　　　　　是□　　否□

3. 与客户商谈是否超过一小时？　　　　　　　　　　　　　是□　　否□

4. 与客户的话题是否谈及付款方式？　　　　　　　　　　　是□　　否□

5. 是否知道客户目前的车辆情况？　　　　　　　　　　　　是□　　否□

6. 是否取得客户的名片或联系方式？　　　　　　　　　　　是□　　否□

7. 是否能掌握何时、何处可与客户见面？　　　　　　　　　是□　　否□

8. 客户是否能叫出你的名字？　　　　　　　　　　　　　　是□　　否□

9. 是否了解客户与其他厂商竞争的情况？　　　　　　　　　是□　　否□

10. 是否谈到了新车颜色的选择？　　　　　　　　　　　　　是□　　否□

11. 客户是否来店参观？　　　　　　　　　　　　　　　　　是□　　否□

12. 是否能大致掌握客户的兴趣和性格？　　　　　　　　　　是□　　否□

13. 是否可与客户谈些车辆以外的话题？　　　　　　　　　　是□　　否□

14. 是否知道客户的购买预算？　　　　　　　　　　　　　　是□　　否□

15. 是否谈到车价及配件问题？　　　　　　　　　　　　　　是□　　否□

16. 是否掌握客户公司的名称、地点与工作内容？　　　　　　是□　　否□

17. 是否可以与客户互开玩笑？　　　　　　　　　　　　　　是□　　否□

18. 是否知道客户在哪里保养车辆？ 是□ 否□

19. 是否了解客户家族购车及使用状况？ 是□ 否□

20. 客户是否再次打来电话和再次来店？ 是□ 否□

任务测试

一、选择题

1. 在产业营销领域提出关系营销概念的学者是（ ）。

A. 迈克尔·杰克逊 B. 迈克尔·波特

C. 巴巴拉·本德·杰克逊 D. 菲利普·科特勒

2. 关系营销概念提出的年份是（ ）。

A. 2005 年 B. 1975 年 C. 1983 年 D. 1995 年

3. 关系营销是持续性交易，核心是（ ）。

A. 利润 B. 竞合 C. 关系 D. 合作

4. 广泛的信息沟通和信息共享，可以使公司赢得支持和合作。因此，关系营销必须注重（ ）。

A. 信息的及时沟通 B. 信息的单向沟通

C. 信息的反复沟通 D. 信息的双向沟通

5. 公司的利益有实质利益和关系利益之分，关系营销的基本目标是（ ）。

A. 赢得消费者的信赖与合作 B. 赢得政府的信赖与合作

C. 赢得公众的信赖与合作 D. 赢得竞争者的信赖与合作

6. 关系营销的本质特征之一是关系营销以（ ）为重要基础。

A. 互利双赢 B. 双向信息沟通

C. 反馈及时 D. 协同和沟通

7. 关系营销的中心是（ ）。

A. 满足需求 B. 客户忠诚 C. 客户满意 D. 发现需求

8. 客户忠诚的前提是（ ）。

A. 客户满意 B. 发现需求

C. 满足需求 D. 客户忠诚

9. 客户满意的关键条件是（ ）。

A. 发现客户的需求 B. 客户需求的满足

C. 客户忠诚度极高 D. 客户以最低价购物

10. 客户对公司产品和服务的实际感受与其期望值比较的程度是（ ）。

A. 客户光临度 B. 客户重购度

C. 客户满意度　　　　　　　　　D. 客户忠诚度

11. (　　) 通常被看作服务营销的核心。

A. 对话过程　　　　　　　　　　B. 交互过程

C. 客户忠诚　　　　　　　　　　D. 交换过程

12. (　　) 是指客户出于对公司或品牌的偏好而经常性重复购买的程度。

A. 客户满意级度　　　　　　　　B. 客户满意度

C. 客户忠诚度　　　　　　　　　D. 客户忠诚

13. 成功的关系营销要求在关系营销计划过程中同时考虑交互过程、对话过程和价值过程，其中 (　　)。

A. 价值过程是核心，是要害过程

B. 交互过程是核心，是要害过程

C. 对话过程是核心，是要害过程

D. 价值过程是关系营销的沟通侧面

参 考 文 献

［1］中国汽车流通协会. 商用车基础与营销实务 ［M］. 北京：机械工业出版社，2020.

［2］曾舍耀. 电商时代下的商用车配件营销模式创新研究 ［J］. 汽车与配件，2023（16）：60-62.

［3］姜惟鸿，门家睿. 公共关系视域下社会工作服务机构公众形象塑造研究 ［J］. 国际公关，2023（18）：40-42.

［4］张亚琼. 互联网视角下对企业营销环境的影响 ［J］. 现代企业，2015（01）：54-55.

［5］刘永生. 市场导入期的电动汽车营销战略 ［J］. 汽车工业研究，2012（01）：34-38.

［6］贾玉静. 东风商用车：做国六市场的先行者 ［J］. 商用汽车新闻，2019（Z7）：11，13.

［7］乔良. 信息技术在汽车营销管理系统中的应用 ［J］. 河南科技，2021，40（30）：18-20.

［8］王斌. 基于客户需求的汽车营销策略创新措施探析 ［J］. 时代汽车，2023（23）：187-189.

［9］赵浩然，王雪莹，吴倩. 体验式营销在汽车营销中的应用 ［J］. 时代汽车，2023（22）：174-176.

［10］卢映杉. 新媒体视域下新能源汽车营销策略研究 ［J］. 汽车测试报告，2023（17）：82-84.

［11］王浩羽. 汽车短视频营销发展现状、问题与对策：基于抖音平台的实证研究 ［J］. 科技传播，2023，15（06）：146-149.

［12］孙炯. S商用车公司渠道客户关系管理优化策略 ［D］. 上海：上海外国语大学，2022.

［13］杨俊锋. 客户类型转变 东风轻卡如何应对 ［J］. 商用汽车新闻. 2017（Z1）：16.

［14］马学文. 东风轻卡营销管理研究 ［D］. 合肥：合肥工业大学，2006.

［15］苏朝晖. 客户关系管理 ［M］. 3版. 北京：人民邮电出版社，2022.

［16］魏巍. 销售礼仪与沟通技巧培训全书 ［M］. 北京：中国纺织出版社，2012.

［17］中国卡车网，https：//www. chinatruck. org.

［18］卡车之家，https：//www. 360che. com.

［19］第一商用车，http：//www. cvworld. cn.

［20］卡车之友，http：//www. ecv360. com.